孙自明　耿洁　主编

红烛夜话

师

一个班主任的成长故事

中国书店

图书在版编目（CIP）数据

红烛夜话：一个班主任的成长故事 / 孙自明，耿洁主编 . —北京：中国书店，2023.6

ISBN 978-7-5149-3326-0

Ⅰ . ①红… Ⅱ . ①孙…②耿… Ⅲ . ①班主任工作 Ⅳ . ① G451.6

中国国家版本馆 CIP 数据核字（2023）第 092572 号

红烛夜话：一个班主任的成长故事

孙自明　耿洁　主编

责任编辑：赵文杰　张菁

出版发行：中国书店

地　　址：北京市西城区琉璃厂东街 115 号

邮　　编：100050

电　　话：（010）63171753（总编室）

　　　　　（010）63017857（发行部）

印　　刷：三河市冀华印务有限公司

开　　本：710mm × 1000mm　1/16

版　　次：2023 年 6 月第 1 版第 1 次印刷

字　　数：166 千

印　　张：14.5

书　　号：ISBN 978-7-5149-3326-0

定　　价：49.80 元

编委会

▲ 孙自明老师 2015 年 10 月第 28 届紫金杯班主任表彰会留影

▲ 历年北京市先进班集体荣誉奖项（部分）

▲ 与团队成员讨论学雷锋计划

▲ 与米雪茹老师研究论文

▲ 数学组团队活动

▲ 2012 年在西城区优秀班主任表彰会上发言

▲ 作课“24 时计时法”

▲ 与学生班队会讨论

▲ 主题班会活动

▲ 与学生同台演出《今古学堂》

序一

轻轻翻阅这本书，看到封面上那支红烛、那座多孔桥，不禁浮想联翩……红烛是灯塔，照亮学生前进的道路，体现了教师甘为人梯的理念；多孔桥是桥梁，可以把学生由此岸引领到彼岸，反映出教师研究学术的风格。此外，多孔桥还是纽带，连接家庭、学校、工作，体现教师的工作方法。桥上行人走，桥下园丁笑，这既是一幅江南水乡的柔美画面，也是学生、家长、教师和谐发展的壮丽蓝图，真实体现出当今多元化的时代里教师丰富的思想、锐意进取的精神。

北京市西城区有一个名叫“白塔夜话”的教育文化创意活动，是西城区倾力打造的历史文化名城保护品牌。我们的老师把这当成自己工作的窗口，引导家长们参与学校的教育教学工作；点亮学生的心灯，激励学生不断发展；与团队共同学习，共同研究，共同发展，精心锤炼智慧团队；建造班级航母，为学生打造良好的学习发展环境。此外，老师们把红烛当成自己前进的灯塔，不断创新教育教学方法，提高教书育人水平。我们可以看到新时代的教师爱学习、爱钻研、勤于实践、大胆创新，勇当时代的弄潮儿的精神面貌。

《红烛夜话：一个班主任的成长故事》一书，给我们家校协同教育工作以启发。我们常说尊重家长，关注家庭教育，却缺少真正坐下来与家长真诚交流和沟通的机会。而《红烛夜话》做到了，它就像那闪闪的烛光，照亮了家长的育儿之路，更点亮了每个孩子的心灯，它是教育工作中的好帮手，值得我们教育人去品味、借鉴。

高尚的师德是对学生最生动、最直接、最具体、最深远的教育。孙老师不是语文教师，却每天带领学生晨读；他不是音乐老师，却40多岁了还和学生一起学习管乐；他不是体育老师，却能够组织一支班级篮球队。这些都来自他无私的奉献精神、无私的师爱。教育是爱的事业。作为教师，就应当把爱心倾注于整个职业生涯中，切实承担起教育者的社会责任，关爱每一名学生，团结每一位家长，联合每一位团队教师，认认真真地做好教育教学工作，立时代之德，树时代新人。

北京教育学院 张红

2023年2月

序二

小小的烛光

感动，这是我在认真阅读了孙自明老师的《红烛夜话》之后的强烈感受。

在这个社会飞速发展的时期，我们每个人似乎都在不断调整，不断适应，行色匆匆，在喧嚣中往往忽略掉了一些重要的东西。而孙老师却始终平心静气，用对教育最朴素的理解从事着日常的教育教学工作，进而用最朴实的话语，将这些工作转化成文字，撰写完成了《红烛夜话》，向我们娓娓道来。这本书并没有深奥的教育原理，也没有讨巧的教学策略，却让我们感受到其对学生的真挚情感，对教育的深厚情怀，犹如那寂静春夜里窗台上点燃的一支红烛，给人温暖，给人力量。这感动本身就是一种教育。

2022 年 7 月，我调入陶然亭小学。为了更快了解学校里的人和事，我经常在校园里行走，而孙老师常常出现在我的视线中，成了学校里的一道风景：每天，他总是第一个来到学校，开窗通风，准备一天的工作；他带领孩子们晨读，琅琅的读书声清亮美妙；他的数学课，成为孩子们的兴趣乐园；

每个课间，他总是与孩子们一起度过；课后时光，他走进大街小巷，积极进行家访，与家长倾心交流；周末，他带领孩子们走进社区、养老院，参与小队实践活动……孙老师是忙碌而快乐的。他眼中的学生，每一个都是人才、都独一无二地优秀；学生眼中的他，充满活力，是最亲近的大朋友。寒来暑往，年复一年，他用挚爱滋润着学生。后来他成长为北京市紫金杯班主任、北京市骨干班主任。

这本书中，孙老师和他的团队一起梳理总结教育随笔、论文案例，围绕“红烛”的教育意象，由红烛照亮班级、红烛照亮家庭、红烛照亮课堂、红烛照亮团队四个篇章构成，记录了老师们迷恋教育研究、用爱引领儿童成长的点点滴滴。

这是陶然亭小学第一次由老师个人出书，是我们学校的老师围绕学生成长和家庭教育方面的日常行动进行总结、研究和提炼的探索和尝试。出书的过程十分艰苦，但有孙老师和他的团队全力以赴的热情参与，并得到了柴纯青社长的悉心指导。这支队伍是学校“骨干引领＋团队协作”的教师专业发展机制的典型代表；是传承百年文化传统、理解并落实“陶冶人格、自立卓然”理念，追求全人格教育特色的创新型教师代表。所以在这里，我代表学校衷心祝贺《红烛夜话》的成功出版。期待它也如红烛，点亮陶然教育的星火，让教育永远充满感动，激励老师们星火传承、不断前行、不断发展，成为新时代的大先生！

北京市西城区陶然亭小学校长

2023 年 1 月

目录

第一章

红烛照亮班级

端溪石池浓作墨，烛光相射飞纵横。

——［南宋］陆游《题醉中所作草书卷后》

我用40岁男人的活力、30岁的热情、20岁的好奇、10岁的真挚，陪伴孩子们成长，管理好班级，让孩子们的校园生活丰富多彩。走进班级，我认真组织每一个活动，召开每一次班会，观察每一个学生。十年间，我任教的班级相继获得西城区优秀班集体、北京市优秀班集体。我注重班级管理，注重班干部的培养，注重班级文化建设，能够及时抓住学生的需求和学生的学情，打造特色班级。“烛光相射飞纵横”，本章收录了我带班过程中的教育随笔和班队会方案。

情深潭水，滋润童心

童心未泯，与爱同行——新接班怎么办

“有喜有忧，有笑有泪，有花有果，有香有色。既须劳动，又长见识，这就是养花的乐趣。”这是老舍先生《养花》的结尾，也是我从事教育工作的座右铭。今年繁花绚烂，来年依然浇水、施肥、修剪。一年一年的班主任工作，我幸福地欣赏着、体验着。乐趣使我激情饱满，乐趣使我二十年依然童心未泯，乐趣使我与爱同行、与孩子共成长。

蹲下来，和孩子一同欣赏儿童的世界，用成人的心感受童年的世界，聆听来自童心的天籁。有时候，一个眼神、一个动作、一句信任的话，就可以让孩子重拾自信，开心一整天，影响一家人。

爱学生就要观察学生。2011 年 9 月，作为学校唯一的男班主任，我担任了三（4）班的班主任。这个班的前班主任是一个有经验的女教师。刚开学，孩子们很新奇，有的故意靠近我，有的怯生生地看着我，但总是有一种陌生感。有一天，一个活泼的小女孩问我：“孙老师，马老师什么时候回来？”我的心为之一颤，原来孩子们的焦点在这里。很快我找了几个孩子，聊天后发现孩子们的心情也很复杂：老师还信任我吗？我还能当课代表、班干部吗？会不会找爸爸或妈妈谈话？会不会放学把我留下来？经过调查与研究，我马上召开了第一次班会，主题是“马老师什么时候回来”。班会上，我让孩子们尽情地说，回忆原来与马老师

相处的故事。我自己也讲了一些：学校工作调整是正常的，设置班主任也是学校工作的需要，老师是学校这个大集体中的一员，是学生的良师益友，肩负着培养人才的责任。最后，我对孩子们说："马老师让我告诉大家，你们要好好学习，听孙老师的话，发挥班干部、课代表的作用，管理好我们三（4）班，让我们班成为优秀的班集体。那时候，我会回去祝贺你们的。"班会上，我对原有班干部进行了补充，增加了节电员（负责开关灯、计算机、电视等）、小管家（负责开门、关窗等）、小助理（负责发放材料、检查记事本）等职位，新的班级功能马上健全了，班里的事务也按部就班动起来了。孩子们的顾虑解除了，他们不再惧怕我，开始和我正常交往了。蹲下来，细心洞察儿童世界，聆听孩子的心声，我成功完成了班级建设，迈出了班级管理的第一步。

爱学生就要走进学生。爱学生就要发现学生喜欢干什么事情，再适时指导，与学生共同参与。抓住这个教育契机，我在班级管理中合理地进行开发和引领。爱玩是儿童的天性，我们班大多数学生喜欢下象棋、军旗、五子棋等棋类。开学第一周，我没有限制他们，中午吃完午饭，整个教室开始行动起来，大家玩得非常开心。我们班成为唯一一个午间可以进行棋类活动的班级。第二周，我开始引导他们：完成上午学习任务的、作业效果好的、课堂发言积极的、卫生整洁的、值日效果好的、课间纪律好的等，午间可以正常进行棋类活动；为班集体做好事的、助人为乐的、为集体争光的可以和我对弈。同时，我还制定了分组、擂台、积分、裁判等制度与规章，使得这个活动有了一定的纪律。为了争取这样的活动机会，班里"比学赶帮超"的热潮一下子被掀起来了。本来是一种参与活动，潜移默化之下成为一种评价奖励方式，良好的班风、正确的评价机制一步一步地形成了。

爱学生就要引导学生。现在的学生给老师做事情、给班里做事情的热情，远远超过写作业、看书的热情。根据这个特点，在班级管理中，我设置了多个志愿服务岗位——扫地的、擦窗台的、擦黑板的、墩地的、摆桌椅的、倒垃圾的，每个人都有自己的服务岗位，都有为班集体做贡献的机会，都有实现自身价值的机会。这样做不仅增强了学生的劳动意识，提高了学生的劳动能力，更重要的是提高了学生自我班级管理的意识，增强了主人翁意识。

沟通与合作是现代人交往的基础。班主任在工作中的重要交往对象是学生的家长。与家长的正常交往，是班级管理成功的关键。我的经验总结成一句话就是："坐下来看家长，站起来看教育。"

坐下来看家长，指的是双方都坐下来，为了孩子，真诚地交流与沟通，达到互相配合，团结合作，从而实现双赢。

工作中，我总是尽自己所能帮助他们解决难题，从而赢得了家长的认可。小睿放学后，她的家长不能正常接，我就让她留下来，我给管理着；小明吃不上早点，我让他到办公室来吃我的。

在与家长交流学生的情况时，我让他们感受到我把他们的孩子都当成自己的孩子一样对待。这样的做法使家长和我成了真正的朋友。

工作中，我积极家访，正面与家长沟通，了解孩子的家庭状况、学习环境。每每夕阳的余晖染红了天边，我都骑着自行车穿梭在陶然亭的大街小巷，给家长报喜，反映孩子的学习和作业情况，处理孩子之间的矛盾——通过家访，我与家长之间再没有任何顾虑，我们成了无话不说的朋友。

站起来看教育，就是说不仅要关注孩子的现在，更要关注孩子的未来，发展地关注孩子的一切。作为班主任，作为数学老师，我没有把自己封闭在一个小小的班级里、一个只谈数学的世界里。为了孩子的全面发展，培养孩子的综合能力，我总是与时俱进地去思考问题，去经营班级，处理班级日常事务。以下是我的日常管理分享。

书声琅琅，书写幸福童年。俗话说："书读百遍，其义自现。"每天清晨不到七点我就来到学校，打开窗户和班门，组织早到校的学生打扫教室卫生，自己开始一本一本地批改作业，同时监督晨读。任教三（4）班以来，每个早晨我都让学生准时开始晨读，大声朗读语文课文、英语课文。虽然我只任教数学学科，但是，我认为朗读对小学生是很重要的，听说读写能力的提高都是以朗读为基础的。于是，我们班成为学校第一个书声琅琅的班级。

走进课堂，同进开心课堂。为了孩子的全面发展，我积极走进课任课堂，与孩子共同上一节科学课、美术课等，与他们共同完成一个实验、一幅画，共同学习一首歌曲，体验他们的欢乐，排解他们的烦恼。通过这一活动，我了解了他们的学习效果、课堂纪律与表现、学习动向、思想状况。通过与任课教师沟通交流，我及时调整了自己的班级管理策略。

开通博客，传递美好回忆。现在的孩子人人都会玩计算机，家家都有计算机，每天他们都会上网聊天、玩网络游戏，我们班的小羽最会玩植物大战僵尸。看到这些，我进行了统计，学生都爱干什么，计算机水平到什么程度，等等。为了加强学生、家长、教师的信息沟通，指导学生正确使用计算机，我认真向南院李晓老师学习，及时开通了班级博客，上传了数学园地、英语读物和优秀作文，还设立了小博主，指导学生利用网络进行学习和交流，提高了学生的学习兴趣。这不仅指导了学生正确使用信息技术，还加强了班级的现代化管理。

平凡的班主任工作中，我用 40 岁男人的活力、30 岁的热情、20 岁的好奇、10 岁的真挚，塑造蓝天般可爱的孩子的灵魂，二十年如一日，童心未泯，与爱同行。

“后爸”变“亲爸”——中途接班怎么办

每个班主任都会遇到中途接班或者类似中途接班的短期接班。中途接班的班主任就像“后妈”一样难做。这种说法虽然有点调侃意味，但二者确实有几分相似。如何从“后妈”变为“亲妈”，从“后爸”变为“亲爸”，这考验班主任的智慧。

有一学年我接了刘老师的六（3）班，其他班主任非常羡慕，我却没有感到幸福，心中总是忐忑不安。这个班太优秀了，我的突然加入，学生在情感上自然会产生隔阂和抗拒。如果听之任之，就会变成班级工作的阻力，演变成师生对立的鸿沟。怎样才能破茧而出，怎样才能“日久生情”呢？我决定，破冰行动，用爱前行。

呼唤昵称，传递师爱。爱可以改变一切，爱可以拉进一切距离。9 月开学的第一天，见面的开场白我就说：“今年由我担任大家的班主任，同时任教数学老师。我很喜欢大家，因为昨天班主任交接的时候，刘老师告诉我：你们很优秀，某某更优秀……”教室里响起了掌声。教师节，我叮嘱他们要去向刘老师问一声：教师节快乐。放学路上，我会告诉他们：看，刘老师来了。爱的传承，拉进了我和他们的距离。之后的昵称，让我们的距离更近了。钊亿是班里的大队委，学习好，威信高，是同学们的“偶像”。一个课间，我们突然相遇，我说：“以后叫你小钊可以吗？”“可以的。”她爽快地答应了。看到她欢快地离去，我庆幸自己又一次成功了，以后的昵称也多了起来。“小芮”“铁蛋”“猴哥”“阿林”等，这些是他们自己之间的称呼，我也加入其中。后来，小芮的妈妈告诉我，小芮回家说，您一直叫她小芮，她特别高兴。对学生的昵称彰显了教师的爱，拉进了师生距离。接纳学生对前任班主任的怀旧之情，参与了学生情感世界的构建，也使自己被接纳，这开启了我班主任工作的破冰之旅。

增强仪式，铸就精彩。班级特色是一张名片，是这个班的标志，是毕业多年后学生回忆时脸上掩饰不住的兴奋和自豪。接手六（3）班之后，针对个别学生消极不思进取的现象，我马上对班级的干部进行了优化组合，扩充了班干部队伍。在原来队干部编制的基础上增加了班干部编制，这样，班里的学生几乎都是班干部，并按照中学的名称来命名，同时定期召开两套“班子”的例会，这种仪式感和成就感使学生视野开阔了，提高了学生参与班级事务和学习的积极性。同时，我充分利用微信积极发送班级活动的各种照片，晨读的、环境卫生的、绘画的、路队的、篮球队与体育老师比赛的、午间活动的，等等，让家长感触班级的氛围和变化，感受到班级的和谐和孩子在校的生活，让他们安心、放心。小芮的妈妈看到孩子在纳斯卡巨画活动中忙碌的样子时，不停地夸赞。班级的活动照片、班级的文化都是班级的名片，而班级的名片会成为一种仪式，让家长感到安全，让学生感到自豪。打造班级名片也成为班主任工作的策略，帮助增强新接班级的破冰力度。

同绘愿景，相互接纳。中途接班，不能“骑驴看唱本——走着瞧”，与其“无为而治”，不如“有备而来”。第一个星期，我多方面了解班风班貌，到第二个星期，我就和同学们规划班级的未来，让他们知道我们要做什么、我们能做什么、我们的愿景是什么。这种“有备而来”，给学生带来了一份稳定感和安全感。我们给每个月确立一个主题，然后围绕这个主题开展班级工作。接手六（3）班时，我和孩子们是这样规划一个学期的："9月规范月"，着力建立各种行为规范；"10月执行月"，重点改正大部分学生拖拉磨蹭的习惯；"11月宽容月"，引导学生互相赞美欣赏；"12月读书月"，班级共读一本经典好书，并举行读书会；"1月学习月"，集中精力复习巩固所学知识，迎接期末考试。这样的设计，既在接班之初给学生和家长一种胸有成竹的感觉，又能使班级逐步走向规范有序。

中途接班，工作千头万绪，但是有一条主线，那就是彼此接纳，迅速建立起师生之间的爱和信赖。在班主任位置上，先来后到并不是通行的法则，真诚的爱才是王道，用爱才能破冰。

让爱轮回，爱至太极——个别学生怎么办

太极的武学精妙是借力打力，接力传力。在师生的教育活动中，教师对学生的爱不丢不弃，学生受到爱的熏陶，更加热爱集体、热爱生活。取之于中，让爱轮回，爱至太极。

有教无类，教无定法，教育的方法需要审时度势，时刻更新。我认为，教育的方法总是被一条线串着，这条线就是对学生的真爱，也就是我们对学生投入的真心真感情。为师者要把这份真投递到学生心灵的深处，点燃学生的心灯，让学生的心在爱的光环里飞起来，以爱促爱，实现爱的太极，做到爱的亲密无间。

下面讲讲我和学生小龙的故事。2016 年六一儿童节文艺汇演结束后，我班管乐团的同学回来后都去卸妆、换衣服，我和几个女同学在前边整理物品。突然，一个同学跑出更衣室：“孙老师，小龙和小洪打起来了……”我放下手中的衣服冲进了更衣室，眼前的情景使我惊呆了：小龙和小洪抢着一条裤子，撕扯在一起。“住手，干什么呢！”我大声喝一句，但我的进入并没有使他们停止。“这就是我的裤子，他们都说我……”小龙大声冲我嚷了起来，这种歇斯底里、这种绝望、这种疯狂，使我僵在那里。这是一个 10 岁孩子的情感宣泄，不知多大的委屈会使他这么极端地表达。我冷静地望着他通红的脸、暴怒的眼睛，走近前，摸了一下他的头：“小龙，不就一条裤子吗？我们一起找一找，或许你们放乱了。来，我们一起去找。”我放缓了语气。“这条就是我的。”小龙的情绪也缓和了。“走，我们再找找另一条。”我的语气更加温和。最后，我们在更衣室

外的拐角处找到了另一条裤子，一模一样，冲突解决了。可是，小龙那种歇斯底里的表现，使我久久不能平静。

午间管理的时候，我找到小龙，简单地分析了事件，并进行了事件后的安抚和处理，使这件事情得到了彻底解决。同时，我又找了几个同学了解小龙最近的表现，同学们反映和他相处有困难，他总是那么强势，莫名其妙地发脾气……总之，小龙表现得孤僻、脆弱、自以为是、不合群。回想起来，这种情况有两年了，这个孩子以前不是这样的。

到了 3 月开学时，小龙的妈妈告诉我：小龙的爸爸去世了，小龙要晚到校两天。前前后后一联系，我有了答案：由于爸爸生病，小龙幼小的心理发生了变化，产生了阴影，导致情感和行为产生了极大的反差。我下定决心要重点关注这个孩子。

发生的另外一件事，终于让我找到了问题的焦点。一个午饭后，班里有点乱，我站起来大声说："西南角，你们没有事情做吗？怎么总是没完没了地说话呢？"我边说边指向几个同学。小龙也在那个范围里，他生气地用力趴在桌子上。"谁说话呢？"教室里安静下来，听到的声音只有我和他，这是明摆着和我对立了。"小龙，过来！"没动静。"小龙，过来！"还是没动静。我的脾气一下子上来了，放下笔站了起来。"老师叫你呢，快去……"周围的同学不停地劝导，小龙站起来气呼呼地走过来，根本不看我。看到这样，我只能先进行冷处理，说起了别的事情。十分钟后，我和小龙开始了正面交锋："你怎么回事？""那么多人说话，您说我？"他气呼呼地说。"我没有说你呀！"我解释道。"那您用手一指，眼睛看着我。"我顿时无语，这么脆弱、敏感、没有安全感的孩子才会这么想。"小龙，老师说心里话，我指的真不是你。再说了，就算我说的真是你，你也不至于这样吧！如果你爸爸在，他可不愿意看到你这样！"

我的话刚刚说完，一向刚强的小龙早已泪流满面，大声抽泣起来。我抚摸着他的头，不停地安慰。失去父爱的小龙，心理上缺少了安全的保障，没有安全感，不能接受别人的批评，自我的意识太过强烈。

找到了问题的症结，我开始实施自己的解决策略。我经常找他谈话，中午让他和几个同学共同指导我吹小号，鼓励他参与到同学中去，参与到班级活动中来，尽快走出生活中的阴影。一天，他穿了一条漏屁股的裤子来上学，课间才发现，他的妈妈眼睛不好没看到。课间，他静静地坐在座位发呆。了解情况后，我马上到商店为他买了一条新的裤子，带他来到更衣室悄悄地换好，保护了他的自尊。他和我的距离越来越近，成了无话不说的好朋友。时间一天天地过去了，小龙开朗起来，能够与同学们友好地相处了，也能够主动给学生们讲题了，小龙终于又回到了同学们中间。现在，他一直坚持学习小号，始终是学校管乐团成员，并主动参加乐园训练，他越来越阳光了。

我和小龙的故事再平常不过了，这不过是我和学生们相处的一个缩影。班主任的工作平凡而琐碎，但是，只要拿出真心来待学生，收获的一定是幸福美满。天长地久有时尽，此爱绵绵无尽期。用真爱去传递真爱，让真爱去促进真爱，此时无声胜有声。

故事中的我借助小龙对父爱的思念，将自己的师爱传递给小龙，使小龙感到温暖，而小龙又把自己得到的爱传递给同学，传递到生活中，回到班级这个大集体，真是爱至太极，往来反复，大爱无间。

绿水青山，甘为植树人——班主任的角色怎么确立

“你们就像小树苗一样，祝你们茁壮成长。”我始终清晰地记得习近平总书记在植树节植树时对孩子们讲的话。我更深深地记得“绿水青山就是金山银山”的科学论断，这是习近平总书记关于生态文明建设的哲学理论，这同样可以转化为教育观念，成为班主任的工作理念。

班主任不仅是班级的组织者、领导者和教育者，也是教育工作的协调者。班主任是植树人，种下棵棵树，育好一片林。班主任这个植树人离不开山和水，再高的山也要去攀登，再荒的山也要去种植，我离不开家长这座山；波涛汹涌的水，碧波荡漾的水，我们都要去畅游，我也同样离不开学生这潭水。依山傍水，绿水青山，甘为植树人。

学生就是班主任工作中的水。班级工作中，我关爱每个学生。我会蹲下来，静静欣赏这潭水，与他们共同成长。每天清晨同孩子们一起朗读课文，琅琅读书声是我们班亮丽的风景线；同孩子们共同进行午间活动，跳绳、下棋、打篮球，每次活动都活跃着我的身影。“孙自明四十多岁了，就像个小伙子一样，总有使不完的劲，总是那么朝气蓬勃。”同事们都这样说。我积极参与课后服务的管理，与孩子们共同进行科技实验和科学创作；我积极组织每一节的课后答疑活动，与孩子们共同解决问题。我把探究的权利交给学生，三尺讲台成了孩子们的天地，一些优等生有了展示的空间，一些中等生也跃跃欲试，而一些后进生也逐渐地听懂了同伴的呼声，不同的学生得到了不同的发展。书法课上，我与孩子们共同进行书法习作；京剧课上，我与孩子们共同走进京剧课堂，

共同领略传统文化的博大精深。午间管理，我与学生共同走进篮球场，共同挑战体育教师，渐渐地，孩子们爱上了篮球，班级篮球队很快就建立起来了，学生们爱体育、爱运动的热情一下子就被激发起来了。我的积极参与潜移默化、风行草偃地影响着孩子们。我尊重孩子的天性，关注他们的个性，木顺其直，顺水而治，以发展的眼光看待学生，让每个孩子得到不同程度的发展，让每只鸟都歌唱。班里的问题学生，有多动症的，有知识基础差的，有纪律差的，我总是耐心地与其进行谈心交流，不断地梳理指导，积极进行课后辅导，使他们不断地进步。新冠病毒防疫期间，我每周召开班级例会，总结孩子们的学习和生活情况。直播课中，我让孩子们课前唱一支歌，鼓励他们大声地唱出来。这样释放了孩子们的压力，疏导了孩子们紧张的心理。我的做法受到家长的好评，他们都积极参加班级例会。听到每个孩子的声音，看到每个孩子的笑脸，我幸福地笑了。

情深潭水的爱使我产生了使不完的劲，鼓励我畅游在孩子们中间，鼓励我尊重孩子，鼓励我与他们顺流而下，共同汇入追梦的海洋。情深潭水，关爱学生，师生共追梦。

家长就是班主任工作中的山。在班主任工作中，首先，我敬畏高山，尊重家长。家长是孩子的第一任老师，比我更了解自己的孩子。每接一个班，我都主动联系家长，积极家访，了解孩子的家庭环境，了解家长教育孩子的方式和方法，向他们学习借鉴不同的经验，保障孩子教育的可持续性。我关注家长的微信圈，参与他们的讨论，分享他们的快乐，走进他们的世界，缩短与他们的距离。其次，我认为班主任还要善于登山，引领家长开展家庭教育。2021 年我接的班级是个特殊班级，个别家长与原班主任矛盾很大，甚至到了“不到黄泉不相见”的地步。接班后，我先了解学生，再了解家长的需求。我渐渐发现，家长只是想按照自己的想法培养孩子，并不是矫情，他们也是为了孩子好，与学校的目标是一样的。于是，我开始关心孩子的成长与安全，家长在外地隔离时，我就天天联系汇报孩子的情况，家长开始与我交流孩子的成长状况，家长与学校间的隔阂逐渐消除了。现在的孩子多数是由爷爷、姥爷等接送和进行日常管理的，我尊重这样的长辈，经常向他们请教不懂的问题，以他们为榜样，积极开展家庭教育。一宁的家长是一名文学爱好者，我关注了他的微信，并主动与其交流讨论，在家长群中形成了潮流，形成了良好的班级能量和家校氛围，使班级产生了一种合力。我抓住这样的机会，将这些有威望的长者和有见识的家长吸收到家校委员会中，形成家校联盟，以加强对班级的监督与管理，指导年轻家长的家教方法，提高家校共同育人的效能。

山鸣谷应，团结家长，家校创共赢。敬山畏山，才能登山，才能做到山鸣谷应，才能实现家校共赢，为孩子创建健康良好的成长环境。

“水光潋滟晴方好，山色空蒙雨亦奇。”绿水青山需要精彩文化的点缀，和谐的班级更需要班级文化来装扮。工作中，我注重班级文化的建设。我们班级的窗台分别设置为“图书吧”“水吧”“收获吧”，以提示孩子们积极读书、科学饮水、按时上交学科作业。此外，我们还在墙壁上张贴学生的书法美术作品，板报上展示学生的各种收获，使教室成为充满文化气息的学习乐园。走进六（3）班，宛如走进一幅精彩的画卷。

绿水青山，经营班级，文化铸精彩。文化铸就班级精彩，我班的文化氛围滋润着学生的修养，陶冶了学生的情操，提升了班级的品质。

在班级管理工作中，我认为榜样的力量是无穷的，班主任就是学生的榜样。在落实教育部“双减”的过程中，我积极备好每一节课，精心上好每一节课，积极做好练习题的设计，而学生好像看懂了我的意图，也开始珍惜每一刻的时间，做到今日事今日毕。在参加学校的科研活动中，我利用假期积极参与北京教育学院与我校进行的服务课程的研究与推进活动。多次与专家的互动交流，我提高了对自己的认识，也为学校的课程开发做出了积极的贡献。我像讲故事一样为学生讲述我的学习认识过程，提高了学生的共情力。在我们年级组召开的服务之能的班队会活动中，学生积极参与，奉献了自己的智慧，“请党放心，服务有我”班会也受到了大家的好评。

科研当先，榜样先行，互帮树典范。班主任的言行就是学生无形的老师，他们会学着你来做，跟着你来做，同你一起做。带班几年来，我严格要求自己，与时俱进，用“四有好老师”的标准时刻提醒自己做学生的榜样，与他们互帮互学。

班级工作中，干部队伍建设和学生队伍发展就像是植树，就像是造林。在工作中，我不仅把班干部当成自己的小助手，而且把他们当成融入集体大森林的一棵棵小树苗，让他们作为小伙伴、榜样，走到每个同学的身边。我给同学们两两结对，积极开展以小伙伴为单位的红星评价制度，两个人互帮互助，互相评价，比学赶帮超，为集体增光。这样以最小的单位培养孩子们的集体意识，形成了和谐发展的共同体。

在班集体建设中，我注重“小干部”的培养。我大胆创新，在班里分别设置班干部组织和队干部组织，班干部负责与学习有关的事情，队干部负责与活动和事务有关的事情。这样 40 名同学中有 20 多人成了班干部，这样更多的同学都能投入班级的管理当中，人人有职位，个个有事做。这样既提高了班级的管理效能，锻炼了孩子们的合作意识，又满足了他们乐于表现、争强好胜的心理，还培养了他们的集体意识，使他们班集体的荣誉感愈来愈强烈。

我们的角色就是植树人。家长就是我们工作中的山，学生就是我们工作中的水，班主任工作就是在植树造林，让山更青、水更绿。我们与家长同攀登，与孩子共畅游，携手共追梦。

让学生来点菜——特色班级怎么打造

按需点菜是我们的餐桌文化，没有人会在餐桌上点自己不喜欢吃的菜肴，也没有人会在餐桌上点自己邀请的客人不喜欢吃的菜肴，这或许就是人本主义观。教育是一顿大餐，学生才是餐桌上的主人。在这个大餐桌上，要让学生来点菜。班级是进行教育教学工作的主阵地，是教育工作中最基本的平台，也是最小的餐桌。在这个餐桌上，让学生来点菜尤为重要。

让学生来点菜，就是说在班级管理中要根据学生的不同心理需求和不同学生的心理需求来进行教育教学活动，要积极满足他们生理和安全的需求，关注和接纳他们的情感价值观，激发开拓他们的审美体验。在班级这个小餐桌上，班主任、任课教师要积极充当食材的准备者，让学生的需要动态起来、发展起来，不断地去完善自我、创造自我。

走进学生心田，满足学生最基本的生理需求。没有爱就没有教育，素质教育首先是充满情感的教育。苏联教育家苏霍姆林斯基把教师热爱学生作为“教育的奥妙”，可见爱在教育中的重要地位。一个受学生爱戴的教师一定是一位充满人情味的教师，更是能够打动学生、走进学生心田的教师。学生对穿衣、吃饭、饮水等生活问题的需求，是最基本的需求。班主任要及时叮嘱学生更换外衣、及时喝水，午饭时叮嘱他们吃好等，这看似是点滴小事，但孩子是非常在意的。我经常准备两三套餐具和水具放在班级里，哪个学生忘记带了，他们会及时到我那里取；每天中午，不管任务是否完成，我都会让学生先吃饭；有时，我会把自己的食物分给他们吃；当他们表现好时，我会买一些小食品送给他们，以资鼓励。这些生活中的琐碎小事，会让学生时刻感到亲切温暖，这也是班主任走进学生心田的法宝。

打造和谐班级，满足学生的心理需求。班级是最基本的教育活动基地。搞好班集体建设，打造和谐班级，打造良好的班级文化氛围至关重要。班级氛围全面影响着学生的心理发展，良好的班级文化氛围能促使集体成员的凝聚心理、驱动心理和同化心理的迅速形成，能让学生积极主动地生活和学习，不厌弃学校和班级，从而留住学生的心，让学生的心灵有归属。每学期我都在教室的墙壁上张贴读书角、生活角、学具角、作业角、回收角、卫生角、棋乐角、植物角等，让墙壁成为会说话的角落。图书、作业、衣物摆放得整整齐齐，学具、工具干干净净。植物角成为学生们下课放松的好地方，浇水、除草、捡枯叶、擦花盆等，他们一边劳动一边欣赏，其乐融融。学生把自己不用的废纸和废旧塑料瓶、硬纸盒统一放到回收角，每个月，小队长和小队委进行回收统计并处理，一个负责管账一个负责处理废品。

小小读书角、小小学具角成为孩子们每天的乐园。紧张的学习之余，他们会去放松一下，进行一些娱乐活动，并自愿到负责这两个角落的中队委那里申请读书借书，开展读书品香活动。孩子们就在这样一种民主平等、你追我赶齐进步的学习环境中健康快乐地成长。他们充分调动自觉性，形成了良好的班风，养成了良好的行为习惯。

温馨的班级环境布置，和谐共融的班级活动设计，使得学生就像在家一样，时时感到教师的亲切、班级的温暖，他们的心灵自然有所归宿，学习和生活的动机会更加强烈。

完善评价体系，关注学生个性自尊的需求。有教无类，因材施教，是每个教育者都知道的道理。学生没有好坏之分，他们只是在发展过程中存在差异。班主任教师应该尊重学生的人格，正视差异，善于捕捉不同学生在学习和生活中的闪光点，及时进行表扬和鼓励。除此之外，还要注意创造机会、设计活动，让他们都能够展示自己，让他们的个性得到张扬，自尊得到维护。我在班上开展了“青苹果红苹果”班级教育评价争先活动，在评比中督促孩子们在升旗、早操、站路队、日常清洁、大扫除、上课时能自我约束、努力争先。我将常规的行为规范量化到每日一查，从点点滴滴的小事上对学生加以规范，并要求他们时时刻刻以《小学生日常行为规范》来严格要求自己，不断提高自己的积分，使自己的行为不断修正。我们班还积极进行分级制的竞争模式，即开展了以小队为单位的评分细则。各个小队由正副两名小队长来进行服务和管理，由他们记录小队每天发生的事情和队员的情况，这样的模式使得班级管理和小队建设紧密结合，促进了学生的发展，更增强了学生的团体意识，促进了个体在集体中的完善。

修炼自我形象，激发学生情感价值的需要。榜样的力量是无穷的，有什么样的老师就有什么样的学生。教师的自我修炼对学生具有强烈的示范作用，会产生潜移默化的影响。教师特别是班主任教师的高尚人格、丰富学识对学生的感染是无穷的。只有“有理想信念、有道德情操、有扎实知识、有仁爱之心”的四有老师，才能培养出“有理想、有道德、有文化、有纪律”的四有好学生，才能影响学生正确价值观的树立。

工作中，我积极发挥自己的榜样示范作用，蹲下来，看孩子们的世界，和孩子们打成一片、干到一起，和他们交朋友，了解他们的学习和思想动向，感受他们的心里所想。日常生活中，我积极参与班级卫生扫除，与他们同活动同游戏，同下一盘棋、同上体育课、同上科学课等，参与他们的各项活动，走进他们的生活，感悟他们的喜怒哀乐。作为班主任，每天早晨我都会在 7 点之前第一个走进班级和同学们进行晨读，琅琅读书声响彻楼道，我还不时地在班级博客中上传优美的文章。我这种跨学科的管理与教育，增强了学生对我的信任，更激发了他们的求知欲，满足了他们的认知需要。

提供发展平台，拓展学生成长中的审美体验。对美好事物的追求和虚荣的心理是每个人的天性，对于小学生来说，那更是自然的事情。他们都想做得最好，或者是更好，好在老师、家长、同学面前博得好的评价，这正是班级管理中值得利用的。利用好学生自我实现的需要，为学生的成功创造条件、提供平台，让他们去展现自我、张扬个性，充分体验成功的感觉，满足自我实现的心理需求。

我积极引导学生发挥自己的主观能动性，以学生的审美意愿为中心开展活动。在学校的“城宫计划”中，我班 39 名学生有 32 名参加了管乐学习，其他同学也都根据自己的兴趣和爱好选择了自己的项目。参加管乐的同学在“我为班级点赞”主题班会中发出了自己的心声，他们学习的目的是神秘、好奇、快乐、向往、能丰富课余生活……我看到了我班学生追求新鲜事物的勇气，更看到了他们积极向上的生活态度。后来，我班学生积极训练、积极交流，共同克服困难，顺利地攻克了一支又一支乐曲。我们班成为学校唯一的“艺术班级”，孩子们在班级这个大平台上扬帆起航了。

按需点菜，会使餐桌上的菜肴更加丰盛，更加可口，更加耐人寻味。教育的未来就是学生需求的不断实现。在班级教育中，只有班主任根据学生的不同心理需求和不同学生的心理需求，不断地满足、关注和激发这种内需，才能抓住学生的心，才能让班级这个教育平台健康发展，成为具有特色、具有教育意义的教育载体。

以文化人，携手逐梦

浅谈美育与班级文化建设——如何构建班级文化

习近平总书记曾说：文化是一个国家、一个民族的灵魂。文化兴国运兴，文化强民族强。没有高度的文化自信，没有文化的繁荣兴盛，就没有中华民族伟大复兴。同时，北京市政府在《关于全面加强和改进新时代学校美育工作的行动方案》中指出，坚持社会主义办学方向，以立德树人为根本，以社会主义核心价值观为引领，以提高学生审美和人文素养为目标，弘扬中华美育精神，突出北京特点，以美育人、以美化人、以美培元，把美育融入各级各类学校人才培养全过程，贯穿学校教育各学段，培养德智体美劳全面发展的社会主义建设者和接班人。

班级文化是校园文化的有机组成部分，它对学生人格的塑造、行为习惯的养成、人生观和世界观的培养起着非常重要的作用，对提高学生的文化品位和自身的素质、促进学生的健康成长有着重要的意义。

班级文化建设离不开美育教育。教育家苏霍姆林斯基说：“美，是道德纯洁、精神丰富和体魄健全的强大源泉。”让学生时时刻刻都用审美的眼光，按照美的规律来共同创造和谐优美的班级环境，让学生接受美的熏陶，培养学生感受美、鉴赏美、创造美的能力，并让他们自觉地维护美，在美的环境中净化心灵、陶冶情操，树立崇高的道德美，正是我们新时代贯彻立德树人宗旨的体现。

让优美整洁的班级环境成为一道风景线，实现班级环境美。

让墙壁会“说话”。精心设计和布置教室四周的墙壁，让教室的墙壁会“说话”，营造出整洁清新、充满美感的文化艺术氛围。在这样的氛围中学习、生活，能使学生的情操得到陶冶、审美能力得到提升。墙壁成为班级文化建设的无声力量。每学期，我都会发动家委会的家长朋友写书法、绘画、撰写文章，或者写一写想对孩子们说的心里话，张贴在教室的墙壁上。展示家长的作品，让孩子们感受到家庭教育的温暖，感受到父母的爱一直伴随着自己，激励孩子们学习和生活的信心。

让黑板报成“调色板”。黑板报是对学生进行思想品德教育的重要阵地之一，是学生施展才华、倾诉心声、掘取知识的“宝库”，把它装饰成五彩缤纷的天地，让学生的梦想活跃于这块“调色板”上。每学期，我都会成立学生宣传部，进行板报的设计和更新，根据不同的节气和不同的节日绘制板报进行宣传，增强孩子们的文化素养，提高他们的文化情操。

让窗台成为“展台”。教室的窗台可以成为“展台”，让学生有充分展示自我的舞台。我们班级的窗台分别设置有“图书吧”“水吧”“收获吧”“绿色氧吧”，孩子们在此读书、饮水、上交各科作业，积极对植物进行浇水和管理，把自己的劳技作品放在窗台上进行展示。小小窗台成为孩子们自由展示的平台。

让激励奋进的班级氛围成为一张名片，践行班级形象美。班级文化以其特定的模式影响着受教育者的精神世界、价值观和行为方式，它通过耳濡目染、潜移默化的熏陶，对班集体产生很大程度的影响，可以称得上是一种“潜在的教育”“隐形的教育”。班级建设中，我让每位学生都参与班级文化建设，形成充满激励、奋进的班级氛围，这对学生的整体发展有着不可或缺的作用。

设计班级个性化名片，提升班级形象。班级精神文化是班级文化的灵魂，表现为一个班集体的班风、班训。活动中可以通过班徽、班旗、班花、班级象征颜色等班级个性化名片的设计，提升班级形象，提高班级凝聚力。

让名言警句发挥“润物细无声”的作用。班级建设中，可以通过文字美化教学。让学生书写激励性的名言警句，并把其制成条幅挂在教室四面墙壁上，同时在黑板报中开辟了“妙语生花”板块，由学生负责定期书写，潜移默化地影响学生的审美观。

建立班级荣誉墙。我开辟出了一块墙壁，用来展示全班同学的合影集和每位同学的个人秀。只要为班级争了荣誉，为集体做了好事，都可以记入荣誉墙上的个人秀中。这样做使学生增强了集体认同感，使学生正确认识了自我，感受到了自身存在的价值，认识到自己是班级里不可缺少的一部分。

让丰富多彩的班级活动成为一个窗口，践行班级心灵美。

班级活动是促进学生全面发展、打好素质教育基础的重要形式、途径和方法。班级主题活动可促进学生特长和能力的发展。在我校开展的服务职能课程实施中，我们班开展了为期一周的班级和学校岗位志愿服务活动，学生认领了不同的志愿服务岗位：楼道安全监督岗、红领巾检查岗、佩戴口罩检查岗、午间卫生巡查岗、文明路队检查岗。在活动中，学生体验到了服务工作的艰辛与快乐，体验到了做好一件事的完整过程，综合素养得到了发展。

组织班级活动为学生提供展示才华的舞台，培养他们的表现力、想象力、创造力，激发出上进的力量和信心。七一前夕，由于大家都居家办公和学习，我校开展了云合唱活动。活动中，我们通过腾讯会议布置了任务。我班积极行动，通过几次腾讯会议，成立了云合唱筹备委员会，选取了歌曲《没有共产党就没有新中国》。学生通过云上小组练习，并使用“全民K歌”小程序进行积极录制，最后由筹备组进行编辑。整个活动中，学生精神饱满高效地完成了任务，体现出了班级的凝聚力。

班级管理中，我注重学生的日常管理和一日生活教育。积极与班干部研究制定适合本班的日常管理条约，让队员记录班级日志，每日进行班级小结，开展红星评比，完善班规班训，形成了班级的评价文化。让严格自律的班级秩序成为一个品牌，践行班级评价美。

午餐开始了，学生打开小桌垫摆放餐具和水瓶、纸巾。就餐准备中，卫生委员查“三带”，餐具管理员推餐箱，文化宣传员播放就餐文化或名著评书，分餐员开始着装、戴帽、戴手套和口罩。分餐开始了，有盛菜、盛饭、盛汤、发放水果饮料的，有进行组织的，有进行宣传的。最后由值日班长进行当天的就餐情况记录。就餐完毕，餐具管理员引导同学们进行厨余垃圾的处理，并进行餐具的整理和归位。整个就餐活动安静有序地进行着，俨然一次文化活动。

让完善的队伍建设成为一支生力军，践行班级制度美。

在班集体建设中，我更注重“小干部”的培养。我大胆创新，在班里分别设置班干部组织和队干部组织，班干部负责与学习有关的事情，队干部负责与活动和事务有关的事情，这样，36 名同学中有 20 多人成了班干部，成为班级管理的生力军。他们人人有职位，个个有事做。这样既提高了班级的管理效能，锻炼了孩子们的合作意识，又满足了他们乐于表现、争强好胜的心理，还培养了他们的集体意识，使他们班集体的荣誉感愈来愈强烈。

疫情期间，同学们积极开展云小组活动。两个小伙伴先通过线上交流进行学习和沟通，再在组长的组织下参加云小组活动，最后参加班级集体例会汇报。同学们良好的交流沟通互助方式促进了整个线上学习效果的提升。大家共同抗疫，共同学习，共同活动，共同成长，这体现了班级制度的优越性。

班级文化建设作为学校文化建设的一个组成部分，作为学校全方位育人的一个重要方面，已越来越受到各级、各类学校的重视，成为深化教育改革、优化育人环境的一项重要课题。因此，在美育与班级文化建设的尝试中，要正确引导和帮助青少年学生健康成长，使他们做到眼中有美，心中向美，能够德、智、体、美、劳全面发展，成为祖国优秀的接班人和建设者。

建造成长的航母——如何搭建学生成长的平台

人生如船，梦想是帆。班级是学生成长和发展的重要平台，班级是梦想开始的地方，班级是供孩子们徜徉的航空母舰。学习生活中，我与学生积极搭建班级这座航母平台，让每个人都有梦想，让每个人都能扬帆远航。

一个成功的班集体，必须有两支优秀的队伍：一支是班干部队伍，一支是学生队伍。班干部作为联系班主任与学生的桥梁，作为班主任的助手，他们的工作能力、工作方法、在同学中的威信，往往能够决定一个班级的精神面貌与学习风气，而学生队伍是否有激情有动力有干劲，更是决定了这个班的精气神到底如何。担任班主任以来，每个学期我都通过学生自荐、民主选举的方式选取班干部，并进行及时改选和轮换，形成了能上能下的干部管理机制，促进了学生竞争和发展意识的觉醒。每学期的班干部都能认真负责、各司其职、互相配合，共同为班集体建设做出自己的贡献。为鼓励先进、增强每个学生的主人翁意识并调动全员积极性，我设置了 13 名队干部、25 名班干部、39 个志愿服务岗位，使得人人是干部、人人有岗位、人人有机会。班级干部具体工作见下表。

职位	担任者	负责任务	备注
班长大队委		记录班级日志，管理纪律、光荣册、音乐	午饭
中队长		传达执行任务，管理日常纪律，集会点名	点名
学习委员		午间安排，综合课，英语，信息，晨读 4	午间
文体委员		班级文体活动，体育课，语文课，音乐	晨读 5

续表

职位	担任者	负责任务	备注
卫生委员		检查班级的日常保洁	
宣传委员		板报宣传，信息传递	信息
组织委员		红领巾，小黄帽路对牌，记事，语文课	红领巾
1 小队长		安排值日、日志，眼操、音乐	北屋
2 小队长		安排值日、日志	南屋
3 小队长		安排值日、日志，节目主持，英语课	晨读 1
4 小队长		安排值日、日志，纪律巡视，节目主持	巡视
5 小队长		安排值日、日志	午饭
6 小队长		安排值日、日志	晨读 2
宣传委员		板报宣传，班队会主持，图书长，科学	主持
		板报设计，美术课	课间
学习委员		收发数学作业	
		收发数学作业	放学
安全委员		安排监督安全员上岗	
		课间室内安全	课间
卫生委员		桌套、桌面文具	
		桌套、桌面文具	桌套
广播员		广播专时专用	晨读 3
午餐员		午间分餐	
		午间分餐，信息	
记事员		收发，批阅记事	
		收发，批阅记事	
课表提示员		调课通知	

续表

职位	担任者	负责任务	备注
节电管理员		物品再利用	
		开关，门窗	
卫生员		发放纸巾	
		监督洗手，科学	
图书管理员		图书角整理，音乐课	
		图书角整理	
监察员		上下楼及卫生间纪律	楼梯
		棋乐角纪律	过道
		楼道纪律	楼道
日期报告员		安排擦黑板、拖地、扫地、倒垃圾、摆桌椅	
		安排擦黑板、拖地、扫地、倒垃圾、摆桌椅	
值日生	（轮流）	日期长管理（志愿岗位）	

（说明：备注栏内容指主要负责事项，晨读后面的数字代表一星期内的第几天）

每天清晨，主管卫生工作的中队委小萌和负责晨读的小队长小柠都会很早来到学校。小萌负责开窗通风，检查昨天值日的情况；小柠检查红领巾佩戴情况，安排晨读任务，监督上交作业情况。孩子们到校后，会按照窗台上标签的位置上交和摆放各个学科作业和记事本。五分钟晨检时，学习委员小涵、小杰进行清点，减少了学生走动。然后，学生按照黑板固定时间段进行语文、数学、英语学科知识的诵读，读书声响彻楼道。

午间打饭和下午路队由一名大队委和中队长直接管理，小队长各司其职，管好自己的人。中午打饭之前，学生会按照小队顺序站好队，小队长站前面，按照从高到低的顺序排好队。小队站好由大队委安排先后顺序，行进间由小队负责，做到无声、有序。每天下午放学时也按此方法站好队，打造无声的队伍。孩子们静悄悄地行进在路队里，不见家长不讲话。

班级美化和黑板报布置工作，是由宣传委员小睿来完成的。他不仅自己设计，还把班级里有绘画特长的四个同学组织起来，成立了“宣传小组”。在他的带领下，这些同学共同协作，班级的布置和墙报总是能让人耳目一新。

学习委员小涵、小杰最忙碌，收发本子并做好记录，还对学习上有困难的同学进行辅导，不厌其烦；午餐员每天认真组织大家静静地吃饭，进行分汤、报汤名，教室俨然一个小餐厅；体育委员小昊带领大家积极进行锻炼；组织委员小欣积极进行周二、三、四的午间自主日管理，积极为同学服务，安排好各个小组的项目才回到自己的组；细心负责的卫生委员小觅、小祎每天放学总是最后走，把座椅摆得整整齐齐，默默付出，毫无怨言……

班干部们个个以身作则，他们团结和帮助同学，积极发挥榜样示范作用；而同学们也各自认真地完成自己的任务，成为班级的主人，为班集体的建设发展贡献自己的力量。我们班真正实现了自主管理，自我发展。

文化代表一个人的品位，文化凝聚了一个集体的智慧。良好的班级文化氛围陶冶了孩子们的情操，升华了他们的人格。一年来，我始终把班级的文化建设放在首位，“没有最好，只有更好”的班级口号是我们学习的号角，“勤学好问，健康自律”的班训让我们永不忘记。

完善的班级管理制度，是培养学生良好的行为习惯、形成良好的养成教育的关键，为此我们共同制定了班规、班训、班级日常行为评比细则等一系列班级制度，确立了班歌——《少年，少年，祖国的春天》。

我任教的四（1）班的孩子们就在这样一种民主、平等的学习环境中健康快乐地成长。他们充分调动自觉性，形成了良好的班风，养成了良好的行为习惯。班里没有打架骂人、说脏话的，课间没有学生跑闹现象，他们严格遵守学校和班级的各个规章制度，他们团结、懂理、自律、好强、积极向上，形成了良好的班风。

良好的学风是班集体健康成长的关键，是这艘航母远航的基础。它的作用是无形的，是润物细无声的。

一年之计在于春，一天之计在于晨。清晨的时光是宝贵的，每天早晨，同学们进班的第一件事就是拿出语文课本进行晨读，琅琅读书声响彻楼道。这是我班的一道风景线，同学们把朗读当成了学习的习惯，他们的阅读能力不断提高。

学生学习兴趣高、学风浓厚和同学们的勤学好问分不开。每到下课，讲台上总会围上一圈找老师提问的同学，甚至放学、午休时，也有同学去老师办公室寻求帮助。大部分同学对作业练习毫不含糊，按时按量保质地完成各科作业，对学习从不放松，每天他们都会把各个学科的作业自发放在窗台指定的位置。同学之间互帮互助，有的同学语文强，有的同学数学好，大家平时聚在一起，讨论学习，相互介绍自己擅长学科的学习经验，请教自己薄弱环节的学习方法，取长补短，共同提高，同时也增进了友谊，促进了班级团结。课余时间，他们按照居住的远近分成了不同的学习小组，共同学习、娱乐。班里经常请教师做公开课，学科老师都喜欢这个班。

为丰富学生的课余生活，提高学生的能力，锻炼学生的思想道德情操，我积极开展丰富多彩的教育活动，真正践行寓教育于活动的理念，放飞学生的梦想，促进学生的个性发展。

开展每日常规班级活动。学习委员组织十五分钟晨读活动；小队长组织课间十分钟活动，小队之间开展小型益智游戏，如翻绳、沙包、猜迈步、传球等；组织委员组织午间活动，学生自选进行象棋、围棋、五子棋、读书、科技制作、志愿服务等项目的活动。

我紧紧抓住学年中的节假日和重要日期开展传统教育活动。通过一节班队会、十分钟班会、小队假日活动、中队竞赛等形式，对学生开展教育，增强学生的理想情操，放飞学生的梦想。

班级的发展离不开家长的支持。任教这个班以来，我积极家访，走进每个家庭。我与家长零距离交流与沟通，与家长成为无话不说的好朋友。家校协同促发展，家庭、社会、学校是学生成长的天地，更是铸就梦想的摇篮，是班级这艘航母的护卫舰。

每个学期我都会认真制作“书香小报”，积极与家长交流，沟通教子经验、教育体会和方法。每个学期我都认真组织召开两次家长会和两次家委会，交流教育经验，指导家长家教方法。家长对教育工作的理解与支持，促进了班级工作的开展，使得班级更加欣欣向荣。

几经努力，我任教的四（1）班这个集体取得了可喜的成绩，连续多次被评为校级综合星级班，获得校级爱眼体操评比优秀奖、校级跳绳比赛团体第二名、校级“十人八字”男女赛第一名、校级科技节优秀集体奖。同学各个积极向上、意志品质坚定、团结勤奋，39 名同学中有 32 名参加了学校的管乐团，我们班也获得了“艺术班”的光荣称号。班级多次承担校区级示范课、评优课任务，获得了广大教师的赞誉。孩子们的进步、班级的发展，激励我们更加努力。

班级是成长的摇篮，是远航的港湾，是梦想的起点。良好的班集体是学生健康成长、快乐学习、放飞梦想的航空母舰。只有搭建好这艘航空母舰，我们和学生的未来才不是梦，我们才能够扬帆远航。

做一名育花筑梦的班主任——如何创建特色班级

梦想，是给予孩子最好的礼物。它犹如一双隐形的翅膀，带给孩子飞翔的力量。作为教师，更要关注学生的未来，成为学生的“梦想建筑师”，把一个个瑰丽美妙的梦想播种到学生们的心田，让梦想的光辉照进现实，照亮学生美好灿烂的前程。

2014 年 10 月，我校“城宫计划”增加了管乐项目。俗话说“万事开头难”，面对这样的好机会，作为班主任的我，想尽办法调动孩子们的积极性。通过开展有趣的主题班会，激发了学生们的学习兴趣，最终，我班 39 名同学有 32 名参加了管乐学习，这就迈出了成功的第一步。但同时我也有一种说不出的感受：喜悦——我的孩子们有了高雅的兴趣和爱好，以及他们对新鲜事物勇敢尝试的态度和积极向上的热情；忧虑——管乐学习是很辛苦的，需要占据很多时间去练习，孩子们的学业会不会受到影响；担心——管乐的学习很艰苦，他们能坚持下来吗？为了鼓舞他们的士气，第二步我协同任课教师及时调整自己的教学策略，课程和作业争取都在课堂上完成，课下只布置少部分的学习任务，减轻他们的作业负担，保证他们有足够的练习时间。就这样，我们班的这些孩子们开始了学习管乐的历程。我真的很佩服他们，他们学得很快，不到两周的时间就会吹奏简单的小练习曲了。午间管理的时间，有的孩子在识谱，有的孩子在指导吹奏，有的孩子在练习，学习的热情空前高涨。

不久，全班大部分学生都有了很大的进步，但还有 5 名进步不大，学习不认真，我及时找他们进行谈话，及时家访，取得了家长的支持与配合。思来想去，这么庞大的队伍，离开班主任的监督，管乐队的运作是很困难的，于是，我做了第三步：同他们共同学习。周一我召开了班小会，会上，我做出了一个让孩子们惊奇的举动。“孙老师也要学习小号了。”孩子们一片欢呼。接下来，我又宣布：“我要和你们比一比，看谁学得快！”

43 岁的我，毅然报名参加了小号的学习，因为我知道这条路很艰辛，在我的陪伴下孩子们会更快乐。学习过程中，我认真地和孩子们识谱、记谱。器乐的维护和保管、演奏技巧的切磋等活动中都有我的身影，午间管理的时间成了我和孩子们的天堂，我和 10 多个小号手开始吹音阶、校音准，其他的孩子也自发组成了小群体开始练习起来。不服老是不行的，两天下来，我的嘴唇开始肿胀、疼痛，1 和 5 总是找不准，而孩子们却比我强多了。我暗下决心，一定不能服输。下班后，我下载了视频反复地练习，还拜了班里演奏好的小阳、小昊为师，让他们教我吹奏，这样，慢慢地我找到了音准。为了促进孩子们的进步，我开展了“和孙老师比一比”的活动，孩子们的热情一下子高涨起来了，他们比学赶帮超的劲头更足了。

孩子们在“城宫计划”的学习，丰富了他们的课余生活，锻炼了他们的意志品质，提高了生活情趣，体验了成长的快乐，践行了梦想。

我坚信，在孩子小的时候就引导他们找到人生理想，比教会他一道算术题要重要得多。对学生而言，拥有过人的天赋固然重要，更重要的是要拥有属于自己的梦想。拥有梦想的学生，会比其他学生更乐观向上、积极努力，更能管好自己，发挥出自己的潜能。所以，我引导学生认识自己和社会，鼓励学生参与丰富多彩的兴趣活动、参加社会实践。“圣贤书”要读，“窗外事”更要闻，这不仅是学生开阔视野的过程，也是学生发现自我、发现兴趣和特长的过程。

第二学期开学后，我抓住新学期开始的契机，召开了“学雷锋从1开始”主题队会。队会上，我给每个孩子都发了一个红包，并在红包中装了1分钱，然后问学生1分钱的含义。孩子们纷纷回答：“1分钱是货币的开始。”“1分钱一点点地积累就会很多。”“1代表起点……”然后我结合一个学期的开始要从1开始讲起：我们学习管乐也要从1开始，不断积累，这样才会学到越来越多，越来越熟练。这样的主题讨论活动，使学生提高了认识，产生了动力。之后，我又召开了一系列的主题班会，例如“我给班级点赞”“做新时期的红孩子”等，通过这样的系列活动，激发了学生热爱生活的性格，培养了学生要有梦想的良好情操。

我还将班中的学生按家庭住址、兴趣爱好分组，成立了课余学习小组，加强对个别性格孤僻、学习落后的学生的关心和爱护，同他们一起制订小组活动计划，引导他们积极开展快乐互助的课后活动。孩子们拥有了自己的小伙伴，开展“快乐双休日”为主题的课余生活，更增添了无穷无尽的魅力。

假日里，我带领队员们到敬老院看望孤寡老人，到图书大厦开展读书活动，到陶然亭公园开展游园活动，到社区开展科技制作活动、清理环境卫生活动等，队员们在假日小队活动中不断丰富自己的社会经验。孩子们说：“课余生活更丰富了，学习更有趣味了！”

工作中，我充分发挥家校协同的作用，促进班级的发展和学生的成长。除了日常的电话和短信平台交流外，我还积极进行家访。夕阳西下时，我骑着自行车穿梭在陶然亭的大街小巷，和家长沟通孩子的学习和作业情况，推心置腹地与家长交谈，商量教育孩子的最好办法，处理孩子之间的矛盾——和家长零距离的沟通，使家长和我成了无话不说的朋友。家校教育形成合力，使孩子健康成长，筑造了他们的成长梦。

拥有美好的梦想，才能成就充满活力和魅力的人生。因此，我积极使班级成为梦想开始的地方，让学生有机会发现自我、展示自我、实现自我，鼓励学生迎着梦想搏击长空，开创美好未来。

让文化提升班级活力——如何提升班级活力

苏霍姆林斯基说：“只有创造一个教育人的环境，教育才能收到预期的效果。”作为一个班集体学习和受教育的基地——教室，其环境会对学生会产生潜移默化的影响。通过对所在班级课室环境的布置，构造一种适合教育和学习的外部文化环境，能增添学生学习生活乐趣，消除学生学习后的疲劳，帮助学生养成文明行为习惯，培养学生形成正确的审美观，锻炼学生创新能力，增强班级向心力、凝聚力，激发学生爱班爱校的热情。这也就是苏霍姆林斯基所说的“让班级也能说话”。因此，我除要求班级的教室必须课桌闪光、门窗鲜亮、物品有序、地面洁净外，还要求有一个健康向上的文化氛围和一个文明的学习环境。我主要通过下面几种方式来营造学习环境。

让就餐成为一门课程。我们班的午餐管理别具匠心。铃声一响，同学们开始收拾桌面，打开桌垫，摆放餐具、水瓶、纸巾；卫生委员开始检查“三带”；就餐管理员宣布今日分餐名单，同时，开始上菜和上饭；就餐文化宣传员开始播放和阅读餐桌礼仪和就餐文化；同时，分餐组同学开始着装，戴帽子、手套和口罩，做分餐准备；发放完消毒纸巾后，分餐就开始了，有盛菜、盛饭、盛汤的，有进行组织的，有进行宣传的。最后，由值日班长进行当天的就餐情况记录。我们班的就餐仪式每天都由不同的小组来完成，班主任不参与，由 6 个组员分担不同的任务，我和同学们在教室共同用餐。整个就餐活动安静有序地进行着，既像是一次有组织的活动，更像是学生自主进行的一节文化课。

让常规成为一种文化。小小窗台成为会“说话”的树。我们班有的窗台上摆放着图书和绿植，这是“读书文化吧”；有的窗台上整齐地摆放着学生的饮水瓶，这是“健康饮水吧”；有的窗台上整齐地摆放着学生当天完成的作业和学习用具，这是“收获学习吧”。我们还注重文化宣传，小小板报是“文化宣传吧”。根据传统节日和重要纪念日及时更换板报，如开学第一天我们设计了“奔跑吧！十岁”，让学生马上意识到自己已经长大，要开始新的学期、新的起点了；3 月，春暖花开，我们设计了“拥抱春天，蓄力成长”，号召同学们在学习雷锋活动中、在庆祝三八节的活动中，汲取精神动力，懂得感恩，懂得心有他人、放眼社会；4 月清明时节，我们设计了“红娃踏春，缅怀先烈”，来突出 4 月的主题教育活动。

让干部制度树立班级品牌文化。我们班有两套干部队伍，分别是中队委员会和班级委员会。孩子们通过民主选举产生了 10 名中小队干部组成了中队委员会，又产生了 10 名班干部组成了班级委员会。班干部负责学习、卫生等日常事务，队干部负责活动、劳动等事务。每个学期进行改选和轮换，实行动态管理，这种做法使得人人有岗位、人人有机会，促进了学生的竞争和发展意识，增强了每个学生的主人翁意识，调动了全员积极性。

两套干部互相配合，又互相监督，他们以身作则、任劳任怨，积极发挥榜样示范作用，时刻感染着同学们，激发大家为班集体贡献自己的力量，为班级建立了良好的品牌文化。

让家校合作形成班级文化。四（2）班的家校合作模式充满智慧，我的每一次家长会都被称为“智慧家长工作坊”。家庭、社会、学校的精诚合作形成了班级的家校文化。

坚持家访，坚持走进每个家庭，坚持和家长进行零距离的交流与沟通，促使我与家长成了无话不说的好朋友。我们的微信群更是家长、教师、学生交流互动的平台，大家一起交流春季预防传染病的方法、如何指导孩子使用手机和微信、孩子的学习情况等。此外，我们班还非常注重家长资源的共享，做医生的家长积极主动地为大家分享医学常识，如爱眼护齿的方法、基本的医药常识；爱好书法的家长积极开展书法知识的讲座，并进行书法作品的展示与示范；德高望重的老爷爷们，帮助处理班级事务，积极发挥家委会的引领协同作用。家长对班级工作的理解与支持，使得班级文化更加欣欣向荣。

班级文化提升了班级的活力，学生集体严格遵守学校的各项规章制度，也使学生变得更加团结、懂理、自律、好强、向善、向上。这种良好的班风，为学生的成长创造了温馨的环境。

活动助力，点亮心灯

教育活动是班主任工作的重要策略之一，科学合理的活动可以提高学生的自我管理能力，可以解决班级日常出现的问题，可以引领学生科学、健康地发展，可以帮助学生塑造健康的身心。我注重开展班级教育活动，每周积极组织召开班队会活动，以下是我们团队成员召开的校级和区级班队会活动的方案。

整理书架我能行——怎样培养自理能力

基本信息					
学校	陶然亭小学	班主任	米雪茹	班级	二（1）
班会题目	整理书架我能行				
设备与技术要求					
教学中是否使用触摸电视、黑板等设备	是				
幻灯片中是否有音视频内容	是				
班会说明					
教育背景	理论背景：对主题的简明科学阐释。随着年级升高，学生自己的课外书逐渐增多，在整理上会出现不及时、不整齐、不明确的情况；另一方面，在班级图书角也有发生学生随意拿取后没有规范摆放的情况。小学二年级是学生认知发展的关键时期，学生的整理意识也从一年级的摆放走向归类的阶段。同时，结合学校“服务之能”课程的内涵要求，引导学生形成服务家庭的意识，互相关心、帮助、信任，培养学生正确积极的家庭观念，为营造积极健康、团结向上的班级氛围打下良好基础。				

续表

<table>
<tr><td></td><td colspan="3">实践背景：对学情的深入透彻分析。学生在一年级时已经可以自己整理书包、桌斗，大多数学生已经在参与班级、家庭卫生清扫，想要为班级、家庭劳动的心愿比较强烈，但在细致的家务劳动方面缺乏锻炼。本学期学生已在数学课上学习过分类，在语文口语交际课中了解过图书借阅公约，学生已有整理书架的能力，但缺少一些具体的方法和锻炼，所以书架整理内容的学习是势在必行的。</td></tr>
<tr><td>班会目标</td><td colspan="3">调整认知：以整理书架为契机，培养学生主动做家务的意识。
关注情感：懂得父母平时整理的辛劳，学会体贴家人。
指导行为：能够运用一定方法整理好家中的书架。</td></tr>
<tr><td>前期准备</td><td colspan="3">教师准备
1. 抽取几位学生提前拍摄家中书架照片。
2. 请一位平时整理习惯良好的同学录制整理视频。
3. 拍摄班级图书角照片。
学生准备
1. 了解自己家中的书架上有哪些书。
2. 可以选择一两本书带到学校。</td></tr>
<tr><td colspan="4">班会过程</td></tr>
<tr><td>时间</td><td>内容</td><td>呈现形式</td><td>设计意图</td></tr>
<tr><td>0′

5′

10′</td><td>一、启发谈话
同学们一天天长大，书也一天天变多，这么多的书如果随意摆放，使用时就很难找到自己需要的书。今天我们就一起来当小小图书管理员，学习如何让每一本书找到自己的家。

二、学习整理
（一）观察学习
1. 先一起来看看视频中的小朋友是如何整理的吧，注意观察他的整理步骤。
2. 谁来说说，小朋友是分几步整理好书架的？
清理，整理，码放。
接下来，我们就逐步学习吧！</td><td>

视频播放。

学生回答。</td><td>

结合学生现实生活，激发兴趣。

学生形成整理意识，会分步骤进行。</td></tr>
</table>

续表

时间	内容	呈现形式	设计意图
15′	（二）具体学习 1.清理 （1）清理什么？ 清理书架上的书和杂物。 （2）怎样清理？ 搬走，用抹布擦干净书柜内外的污渍和灰尘。 2.整理 （1）这么多的书，怎么放上去呢？ 小组讨论自己平时是怎样分门别类的。教师总结。 A.最简单、最直接的方法，就是按照书本的大小、高矮一字排开。最大的放在最里面，其他的依次放入。	小组讨论。	集思广益，运用数学上学过分类知识进行实际运用，培养学生小组合作能力。
20′	B.按照书籍的内容分类，比如工具书、散文诗集等。每一类别的书放在一个架子上。这样，找的时候，也比较容易找到。		
25′	C.书架一般都有三四层，家里人可以分开放。比如爸爸的书放在最高一层，妈妈的书放在中间一层，而孩子的书根据身		
30′	高一般放到最下面一层。孩子看书的时候，也容易拿到。		
35′	D.每隔一段时间就整理一次书架，一些经常看的书放在外面，中间层是孩子能够到的地方。如果已经看过且短期内不会再看的书，可以放入收纳箱，放在最底层。这样还可以节省空间。		在生活中学习知识。
40′	（2）如果我们想要在整理好的书架上快速拿到一本书，还要怎么做？ 给书分类和编号。 小朋友的书籍可以分为教科书和课外书两大类。做一些小标签，分别在上面写上书的类别和编号，贴在每本书的书脊上。		

续表

	3. 码放 提示：书柜高层，小朋友够不着，可以请爸爸妈妈帮忙，一定要注意安全。整理完书柜请记得洗手。 三、动手实践 小组合作整理书籍，派代表汇报整理心得。 四、总结 回顾书架整理方法。 五、课后小练习 1. 晒出你整理书柜的照片或小视频（别忘了写好班级、姓名等信息）。 2. 和爸爸妈妈分享你整理时的分类方法、步骤。	图书馆视频。 小组合作实践。	以实践为导向，落实班会目标。
班会流程树状图	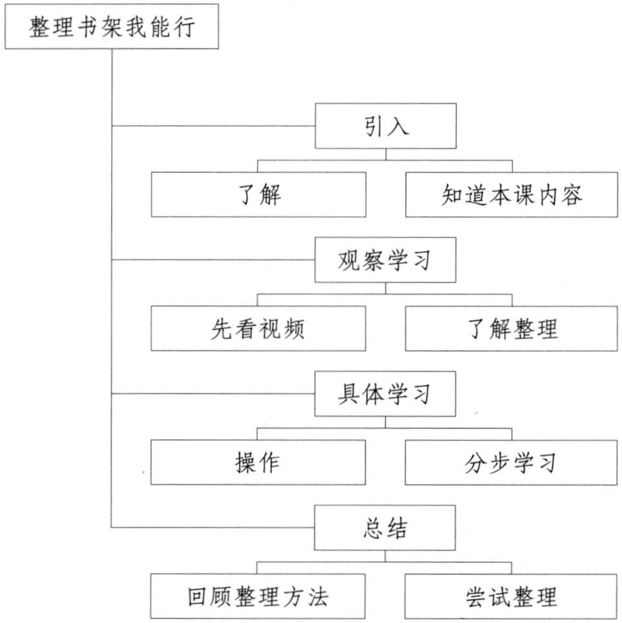		

我为班级点赞——怎样培养集体荣誉感

<table>
<tr><th colspan="6">基本信息</th></tr>
<tr><td>学校</td><td>陶然亭小学</td><td>年级</td><td>四年级</td><td>学期</td><td>第二学期</td></tr>
<tr><td>班会题目</td><td colspan="5">我为班级点赞</td></tr>
<tr><th colspan="6">设备与技术要求</th></tr>
<tr><td colspan="3">教学中是否使用触摸电视、黑板等设备</td><td colspan="3">电子白板</td></tr>
<tr><td colspan="3">幻灯片中是否有音视频内容</td><td colspan="3">轻音乐《天鹅》</td></tr>
<tr><th colspan="6">班会说明</th></tr>
<tr><td>教育背景</td><td colspan="5">理论背景：赞美别人是一种美德。欣赏别人，更是一种气度，一种发现，一种理解，一种智慧，一种境界。现在的孩子生活在幸福的家庭中，自我意识很强，缺乏欣赏他人的意识和共处的意识，从而缺乏集体主义意识。
实践背景：在教育过程中发现，学生们能够和平相处，能够在一起玩耍，但是也有同学自我意识太强，不会欣赏他人、发现他人的优点，不会在集体中学习，不会共同进步，只追求个人的成功。点赞，就是发现美、认可美、体验美，从而促使他们友好相处、共同学习、共同进步，为集体自豪，为集体添彩。</td></tr>
<tr><td>班会目标</td><td colspan="5">调整认知：通过点赞活动，让学生发现美、欣赏美、追求美。
关注情感：通过点赞活动，加强学生坚韧不拔、勤学好问、团结协作等意志品质，弘扬中华民族的传统美德。
指导行为：通过点赞活动，使学生增强集体意识，认识到集体与个人的成长息息相关。</td></tr>
<tr><td>前期准备</td><td colspan="5">教师准备：调查问卷，前期活动照片。
学生准备：寻找心目中的榜样。</td></tr>
</table>

续表

<table>
<tr><th colspan="4">班会过程</th></tr>
<tr><th>时间</th><th>内容</th><th>呈现形式</th><th>设计意图</th></tr>
<tr><td>0′

5′</td><td>一、课前准备
1．班长讲话：亲爱的同学们，大家好！告诉大家一个好消息：我校管乐团在第十八届西城区艺术节比赛中取得了第三名的好成绩。大家知道吗？我们这支管乐团才刚刚成立半年时间呀。我为他们点赞。那我们班都有谁参加了这次比赛，还有谁参加了而没有去比赛？哎呀！我们班 39 名同学，有 32 名同学在学校的城宫计划中参加了管乐的学习，相信你们有很多话要说。为了让大家都有机会表露自己的心声，今天我们召开“我为班级点赞”主题班会，希望大家在这次班会中积极交流发言，说一说自己的学习进步与班级与同学有什么关系。我宣布：“我为班级点赞”主题班会活动现在开始。
2．今天班会的主持人是小南、小阳。请主持人上场。

二、进行新课
（一）造梦空间，说说心里话
男：小鸟向往蓝天，才能振翅高飞。
女：小溪听到叮咚，才会流向远方。
男：同学们，记得我们上一节作文课习作的题目是“说说心里话”。
女：我是语文课代表，听赵老师说，大家写得很真实，她非常满意。
男：今天，是我们的主题班会，我们再来说说心里话。请大家把自己的想法说给小伙伴们。
女：请大家看活动提示。
1．为什么学习管乐？
2．学习中遇到什么困难？
3．如何坚持下来的？</td><td>班长讲话。

说说心里话。</td><td>自我认知。

讨论分享，激发情感。</td></tr>
</table>

续表

时间	内容	呈现形式	设计意图
10′	女：请同学们结合提示，进行小组交流。没有参加管乐学习的同学希望也说说自己的看法。 第一步：小组讨论。 第二步：汇报发言。 女：第一个问题，谁愿意同全班同学说一说？ 男：谁还愿意说一说？ 女：管乐学习过程中，我们遇到过什么困难？谁愿意同大家说一说？ 男：那你是如何坚持学下来的？（一对一问） 班主任引导点评。	小组交流。	
15′	班主任：同学们，你们学习管乐快5个月了。今天，我也来说一说心里话。就像你们说的，管乐的学习很神奇也很神秘，给我们带来了快乐，丰富了我们的课余生活，使我们多了一项本领。但是，管乐的学习也是一件艰苦的事情，充满了艰辛。听了你们的心里话，我很骄傲。你们能够克服困难，互相帮助、互相鼓励、共同交流学习，坚定地学下来，我看到了你们具有的坚持不懈、团结协作、同甘共苦的优秀品质，这正是我们中华民族的传统美德。我给你们点赞！同学们加油！		
20′	女：谢谢孙老师的教导。我们班39名同学中有30多名同学参加了管乐的学习，大家不但学会了，而且还在不断进步。 男：学校的老师们都称赞我们是“艺术班级”，我也给我班点赞。 女：梦中的我们在成长，梦中的我们学会了坚强。 男：生活中没有免费的午餐，世界上更不会发生不劳而获的事情。		

续表

时间	内容	呈现形式	设计意图
25′ 30′ 35′	（二）星星点灯，照亮我的前程 女：繁星闪烁，使夜空变得璀璨。 男：星星点灯，让我们的前程更加明亮。 女：管乐的学习，使我们的生活充满情趣，让我们的课余生活更加充实。请大家看投影。 男：看完照片，请大家交流一下，你、我、他，还有我们的班级，发生了哪些变化？ 1. 小组讨论 ◎你自己的学习和生活发生了哪些变化？ ◎小伙伴发生了哪些变化？ ◎我们班发生了哪些变化？ 2. 汇报 女：学习管乐后，我们的学习和生活发生了哪些变化？谁来说一说？ 男：学习管乐后，我们身边的小伙伴发生了哪些变化？谁来说一说？ 女：那我们班发生了哪些变化？让我们的班长先说一说吧！谁还愿意说一说？ 师：同学们，我们的成长离不开家长。今天我们请来了两位家长，现在，我们来听一听家长的心里话。 男：谢谢阿姨的表扬和鼓励，管乐的学习改变了我们的生活，出现了这么多感动我们的人和事，我还要为我们班点赞。 （三）梦醒时分，我给班级点赞 女：我也给我们班点赞。其实，每个人的成长和进步都与美好的班级息息相关。 男：那班级给我们带来了什么？我们能为班级做什么？谁来说一说？	交流体会，发现变化。 发现榜样，进行点赞。	感悟激励，坚定意志。

续表

时间	内容	呈现形式	设计意图
40′	生：我想给大家讲一个故事，故事的名字叫《骄傲的桃花》。 女：非常感谢这位同学。听了这个故事，你有什么感想？谁来说一说？ 生回答：略。 男：是呀！班级给了我们无穷的力量，我们要为班级增光添彩。 女：梦醒时分，我们是我班的小星星，我们是我班的小苹果，班级使我们产生了管乐团，班级给了我们展示的机会。 男：班级给我们快乐，班级是我们成长的摇篮，请听我们班管乐团的合奏。 师：同学们，你们的演奏很棒，这里面饱含着你们辛勤的汗水。虽然《小苹果》还不是很熟练，有的同学还不能完整演奏，但我相信你们很快就能完整演奏，你们的努力已经证明了一切。那么，同学们听了自己的演奏，你们还有什么话要说吗？ 生自由汇报。 女：谢谢同学们的点赞！ 女：如果我们是生长的小树，那么，班级就是滋养的土地。 男：如果我们是一条条可爱的小鱼，那么，班级就是宽阔的大海。 女：同学们，让我们团结在一起，共同努力，人人都把欢乐、温暖送出去，充分发挥我们每个人的作用，让我们的班级更精彩，让我们共同为班级点赞。点赞，点赞，我点赞。	总结延伸。	落实行为，道德升华。 接受监督，行为自主。

续表

时间	内容	呈现形式	设计意图
	三、课堂小结 男：现在，请班主任孙老师讲话。（同学们，今天的班会就要结束了。刚才有同学说，我吹小号，他们受到很大的鼓舞，我很为他们骄傲，更为你们骄傲。这么艰苦的事情，你们都能坚持下来，你们能够团结友爱、互相帮助、共同学习，使我们的班集体更加欣欣向荣。我为你们点赞，点赞，点赞。今天，老师很惭愧，我现在只能吹出几个音，我要更加努力向我的小老师——你们虚心学习，同时，我要加入你们这个队伍中来，与大家共同参加这个学习活动，让我们同甘共苦、共同成长。还记得孙老师送给你们的红包吗？1分钱不断累加就是很多的财富，每一个人的力量团结起来就是集体的力量。我希望同学们合理安排时间，好好学习，快乐成长。我们愉快的节日——六一儿童节就要到了，希望大家用我们的成绩，用我们的才艺，展示自我，让我们更加精彩！让我们每天为班级点赞，每天为自己加油。点赞，点赞，我点赞。） 女：谢谢孙老师的鼓励！ 女：我们是闪烁的小星星，在天空中熠熠生辉。 男：我们是骄傲的小苹果，在班级中快乐成长。 男女：“我为班级点赞”主题班会到此结束。		

续表

班会流程 树状图	班会主题：我为班级点赞 开始阶段 外显活动：班长讲话；内隐目的：自我认知 展开阶段 外显活动：说说心里话；内隐目的：集体分享 深入阶段 外显活动：发现榜样来点赞；内隐目的：自我激励，确定目标 总结阶段 外显活动：班主任讲话；内隐目的：总结和任务延伸
后记	参与人员整理心得体会。
	教师自我评价：通过本次班会，学生受教育程度较深。
	后续教育计划：通过筹备六一演出，检验学生的意志品质和集体主义受教育情况。

我为我班“打call”——怎样把常规做到精彩

<table>
<tr><th colspan="6">基本信息</th></tr>
<tr><td>学校</td><td>陶然亭小学</td><td>班主任</td><td>孙自明</td><td>班级</td><td>三（2）</td></tr>
<tr><td>班会题目</td><td colspan="5">我为我班“打call”</td></tr>
<tr><th colspan="6">设备与技术要求</th></tr>
<tr><td colspan="3">教学中是否使用触摸电视、黑板等设备</td><td colspan="3">电子白板</td></tr>
<tr><td colspan="3">幻灯片中是否有音视频内容</td><td colspan="3">视频《为新时代“打call”》</td></tr>
<tr><th colspan="6">班会说明</th></tr>
<tr><td>教育背景</td><td colspan="5">理论背景：行为习惯教育一直是我校德育工作的重点。现在的孩子不少是由祖辈带大的，行为礼仪习惯存在很多问题。如何从孩子的行为实际出发，如何从行为细节训练入手，如何切实针对学生的行为实际开展阶段性训练，如何通过指导、舆论、评比、激励、内化等手段策略，将良好的行为定型为学生的自身行为，逐渐使学生养成良好的行为习惯，值得深思。我们根据多年的摸索发现，学生良好行为习惯的获得是需要扎扎实实开展行为认知、行为训练、行为内化的。
实践背景：现在的学生多数是独生子女，家长普遍溺爱，在家未能养成正确、良好的用餐习惯，无论是在家用餐还是外出用餐都没有形成良好的行为习惯。因此我设计了这次班会，以期改变学生不良的用餐习惯，并且针对学生一些细节上的礼仪（如打喷嚏、夹菜等）进行系统指导。用餐礼仪十分重要，不仅仅能帮助孩子养成良好的用餐习惯、学会良好的进餐礼仪，同时也对培养他们的素质或性格、提高个人的文明素养起到举足轻重的作用。</td></tr>
<tr><td>班会目标</td><td colspan="5">调整认知：
1.能通过观看图片联系到自己，说说最近这段时间就餐文明进步的地方。
2.能通过出示图片说出班级在就餐中集队、就餐等细节方面存在的不足之处。
关注情感：
从中感受集体荣誉，争做文明就餐班级。
指导行为：
明白集体就餐的规则，知道自己的行为是健康、安全、文明的。</td></tr>
</table>

续表

<table>
<tr><td>前期准备</td><td colspan="3">教师准备：
1. 培训小主持人，提高主持人的评价能力、语言组织能力。
2. 整理学生的资料。
学生准备：
1. 整理平板电脑、笔、文具等。
2. 背诵《弟子规·入则孝篇》，研读学校的礼仪常规。</td></tr>
<tr><td colspan="4">班会过程</td></tr>
<tr><td>时间</td><td>内容</td><td>呈现形式</td><td>设计意图</td></tr>
<tr><td>0′</td><td>宣布班会开始：三（2）班“我为我班‘打call’”主题班会现在开始。
一、班长讲话
班长：同学们好！老师们好！在文明礼仪小龙人争章活动中，我们班在路队礼仪、广播礼仪、进校礼仪、课间礼仪等方面做得都很好！我为我班“打call”，也为大家“打call”。然而，在某些方面，一部分同学还是存在问题的，比如在就餐礼仪方面，我们虽然进行了一些规范，提出了一些要求，学校也在反复强调，可是大家过几天老毛病就又犯了，依然我行我素。这说明我们的认识不深刻，不明白为什么要这么规范，这样做对我们有什么好处，不这样做对我们有什么坏处。今天这节班会课，我们主要针对就餐礼仪进行研究和分析，希望大家积极发言。</td><td>谈话。</td><td>明确班会内容及主题。</td></tr>
<tr><td>3′</td><td>二、活动开始
1. 学礼仪，经典问道
甲：同学们，中国自古就是礼仪之邦，吃也是要有吃相的。作为餐桌礼仪，吃相可以体现出一个人的修养和素质。我国古代对就餐礼仪就有了相关的规定，现在就让我们共同诵读这则圣人训。
乙：小龙人争章活动中，我们学校对就餐礼仪也有相关的规定。请大家共同来品读。
甲：诵读了《弟子规》，品读了学校的就餐规定，大家知道了什么？（不挑食、不能吃得太饱、领饭的注意事项等。）</td><td>背诵和研读。</td><td>学习传统就餐礼仪规则。</td></tr>
</table>

续表

时间	内容	呈现形式	设计意图
5′	乙：刚才大家在就餐前和就餐中的礼仪常规方面进行了交流。就餐礼仪还包括就餐后我们应该怎样做！ 2. 看现象，现身说法		
8′	班长：针对就餐前、就餐中、就餐后的礼仪常规，经过几天的观察，我们班委会进行了交流，请大家欣赏这几张照片。 甲：看了班长展示的照片，各小组讨论交流一下，我们就餐中到底应该怎样做。 小组讨论交流。 乙：哪个小组来分享你们的交流成果。 （各小组分享。）	照片展示。	发现问题。
	3. 说本质，你知我知 乙：各个小组说得都很好，大家能够利用现代的信息工具进行学习，我为大家“打call”。道理也明白了，我们也知道怎么做了，可是我们为什么这么做，请大家结合自身再次进行讨论。	讨论交流。	用不同方法解决问题。
25′	甲：谁先来分享观点？ 4. 明事理，纸上谈兵 班长：听了大家的交流讨论，我觉得大家对就餐礼仪了解的很多了，现在我就来考一考大家。		检验礼仪成果。
30′	5. 绘蓝图，制作海报 乙：恭喜大家顺利通过了班长的考查。3月是学习雷锋的月份。 甲：3月是文明之花盛开的月份。 甲乙：雷锋叔叔是我们永远的辅导员。现在就让我们把自己的收获告诉雷锋叔叔，请各个小组合作完成文明就餐宣传海报！	答题。 绘制海报。	汇报收获。
40′	同学绘制宣传海报。 （音乐。）		
45′	三、班会结束 乙：班会就要结束了，现在请班主任讲话。 班主任：这次班会不是结束，而是延续……	讲话。	总结提升，给予希望。

续表

班会流程树状图	班会主题：为我班“打 call” 开始阶段 外显活动：班长讲话 内隐目的：自我认知，发现问题 展开阶段 外显活动：小组交流讨论 内隐目的：不同方法解决问题 深入阶段 外显活动：绘制宣传海报 内隐目的：汇报学习成果 总结阶段 外显活动：班主任讲话 内隐目的：提炼精华，激励拓展
后记	参与人员整理心得体会。
	教师自我评价： 在活动中，同学们的参与率很高，我想这也是活动有效的一方面。就餐公约融入班级文化中和文明之星的评比中，对学生起着很大的督促作用。经过观察，同学们都在就餐中取得了很大进步。很多同学确实在就餐中做到了时刻提醒自己要做到文明就餐，努力评到文明之星。整节课围绕着文明用餐，以有德、有礼、节约、有序为主线进行了系统的活动。学生参与性比较高，回答问题比较积极，活动的效率比较高。同样，由于时间仓促、水平有限，本节班会课还存在着许多不足。 1. 有些环节设计的问题不够巧妙，以致学生在回答问题时不能面面俱到。 2. 教学时感情不够丰富，课堂渲染能力不强，导致课堂效果不明显。 3. 课堂调控能力还有待于增强。当课堂氛围没有达到自己的预期时，不能巧妙地应对。对课堂生成性资源，没能有效利用。 4. 教师的语言不够简练。
	后续教育计划： 将学校的集体用餐礼仪，推广到家庭和社会就餐礼仪中，使学生真正成为文明就餐的社会小公民。

请您放心，服务有我——怎样提高志愿服务能力

基本信息					
学校	陶然亭小学	班级	六（3）	学期	第一学期
班会题目	请您放心，服务有我				
班会说明					
教育背景	班级整体现状分析： 我班现有40名同学，其中有20名女生、20名男生。女生文静好学，男生聪明活泼。全班同学爱好广泛，班里有自己的篮球队，学生们爱学习、爱劳动、爱科学，班风正、学风浓，大多数同学积极上进，班级欣欣向荣。虽然有个别同学表现得不够好，学习态度不端正，存在懒惰思想，但在小助手的帮助下能不断改进。				
	优点描述： 1．集体意识强，能够为班集体的事情努力拼搏。 2．思想状态好，意志品质较好，个人情趣爱好较积极。				
	有待改进方面： 1．个别同学上课接下茬，发言不积极，其他科目课堂纪律不是很好。 2．有的同学做事不认真，班级卫生和个人的物品管理不规范。				
班会目标	1．通过活动，学生认识到何为服务，服务的意义及我要参与服务，争做服务先锋。 2．通过争当服务员，学生提高个人的生活和学习能力。 3．通过为他人和集体服务，学生不断成长。				
前期准备	教师准备： 1．了解服务之能课程的含义，准备历史上的榜样人物。 2．与各个小组进行前测调查。 3．制作幻灯片。				
	学生准备： 1．各个小组的成员在组长带领下进行前测的交流。 2．准备要汇报的素材（搜集服务先锋的事迹，观察班级的服务员）。				

续表

班会过程			
时间	内容	呈现形式	设计意图
0′	一、课前准备 班长讲话：同学们好！我叫小博。今年是中国共产党建党100周年，还记得在今年的7月1日，在习爷爷讲话之后，无数祖国青年用铿锵有力的声音回答："请党放心，强国有我。"1944年9月8日，毛泽东主席在一位普通战士的追悼会上，第一次以"为人民服务"为题发表了影响深远的演讲。这位战士叫张思德，他牺牲在平凡的岗位上。今天，我们把班会的题目确定为"服务有我"，这是横跨了100年的坚定回答。"请您放心，服务有我。"新学期，我校提出了新的育人目标：陶冶人格、自立卓然。要求我们从小就具有友善之心、具有创新之力、具有服务之能，同时把服务之能当成课程来研究。那服务之能都包括什么内容？我们如何去参与这门课程呢？今天就通过这节班会课来解决这个问题，希望大家积极参与、积极思考。我宣布：六（3）班"服务有我"主题班会活动现在开始。 今天班会的主持人是小远、小萌。请主持人上场。	讲话。 视频。	揭示课题。 服务的初步认知。
5′	二、进行新课 （一）"服务之能"大讨论 甲：亲爱的老师、同学们，你们知道什么是服务吗？今天我们就"服务"这个主题来一次大讨论吧。 乙：大家可以用你知道的有关服务的名言、故事等，或是查一查字典，来谈一谈服务。 （二）介绍服务先锋故事 小组汇报：什么是服务？ 甲：哪位同学愿意先来汇报一下学习成果？ 2组（小真）：（服务先锋、名言。）		服务榜样。

续表

时间	内容	呈现形式	设计意图
10′	乙：还有同学有不同的想法吗？可以给上一位同学进行补充。 师：小结（服务就在我们的身边，我们做的任何事情都是服务）。 （三）服务就在身边 甲：听完大家的讨论，我觉得服务就蕴藏在我们的生活、学习之中。 乙：就请我们各个组说一说我们是如何在生活和学习中开展服务的。	分小组展示交流。	服务的各种表现。
30′	小组汇报。 开场：大家好，现在由我们X组来展示自己生活和学习的情况。 6组（小桐）：自我服务［自己能做的事情自己做，我的时间我做主（自我管理）］。 3组（小礼）：家庭服务（积极参加家务劳动、建言献策）。 5组（小怡）：班级服务（班级建设我来说）。 1组（小怡）：学校服务（认领责任区）。 4组（小菲）：社会服务（大家来行动）。 甲：看了大家生活、学习的情况，真是充实又精彩啊！那大家现在共同来思考一个问题：我们都是为谁服务呢？ 乙：这就是我们要学习的“服务之能”课程的内容。	讨论。	总结服务的内容。
35′	（四）争做服务先锋 甲：同学们，刚才我们总结出了“服务之能”的几个方面。那么，这几个方面都包括哪些内容呢？它们又有什么区别和联系呢（严格自律、高度责任）？ 乙：下面就让各小组之间讨论一下吧。 甲：现在开始小组交流。 师：从小学先锋，长大才能做先锋。	讨论。	揭示为人民服务。

续表

时间	内容	呈现形式	设计意图
40′	三、课堂小结 甲：我想现在同学们心中和我一样应该也有个疑问吧，那就是：为什么我们要进行“服务之能”课程的学习呢？现在请班主任孙老师为我们解答一下吧。 班主任讲话。 甲：谢谢孙老师的讲话！ 乙：是的，为人民服务不是一句空话，需要我们从小就踏踏实实地去做，去锻炼去努力，长大了才能成为真正的服务先锋。 甲乙（合）：今天六（3）班“服务有我”主题班会到此结束，谢谢大家！	总结。	
班会流程树状图	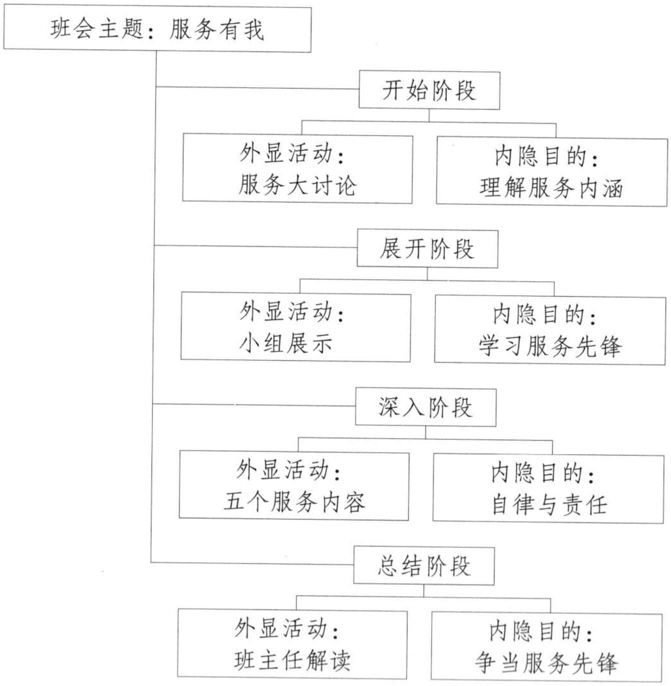		
后记	后续教育计划：结合本节班会学习的服务之能的内容，加强个人综合服务能力的建设，重视班级开展的有关服务之能的活动，做到班级建设我做主，再次进行展示汇报。		

服务之能星级评价表

小队：　　　　　　　　　周次：　　　　　　　　　时间：

项目	自我服务	家庭服务	班级服务	学校服务	社会服务
服务内容					
自评					
小队评					
家长评					
总评					

备注说明：

1．五星级服务，每周开展一次。

2．由各个小队组织进行。

3．服务评价的档次分为：不满意（0分）、基本满意（1分）、满意（2或3分）、非常满意（4或5分）。

4．每周一汇总后，由中队委员会进行审核，并在板报栏中公示。

做时间的 CEO——怎样培养时间管理能力

中队	六（1）	时间	2016. 10	辅导员	孙自明
板块	第 3 板块	主题	做时间的 CEO		
活动目的	1. 使队员懂得珍惜时间，合理安排时间，提高利用时间的效率。 2. 使队员能够管理时间，规范调整自己日常生活和学习的行为。 3. 使队员懂得，从小要养成好习惯，长大了才能够有作为。 4. 使队员总结自己的工作，发现问题，进行讨论；与新一届委员进行交接，进行换届常识渗透。				
活动准备	1. 活动前测，调查问卷。 2. 队员准备小队交流材料：故事、诗歌、视频、访谈等。 3. 辅导员准备课件、照片、补充的材料。				
活动过程	一、宣布活动内容 1. 唱队歌 主持甲：队员们、辅导员老师们，大家好！六（1）中队活动课现在开始。请全体起立，唱队歌。 2. 中队长讲话 主持乙：本次队活动课的主题是“做时间的 CEO”，请中队长讲话。 主持甲：玩与学习是我们生活中的两件事情，一件是我们喜欢的事情，一件是我们必须做的事情。 主持乙：周二的班队会我们针对玩和学习的关系，以及我们中队出现的问题，进行了问卷调查，根据不同情况组成了 3 个联合小队再次进行调查研究。下面分别由我们 3 个联合小队来开展活动。 二、探究讨论，小队交流 （一）调查分析 1 小队：大家好！我们小队有 12 名队员，针对近期有些队员不积极参加管乐训练、不按时完成作业情况进行了研究。首先，我们进行了问卷调查，大家请看（问卷展示）。我们共同听一听他们的看法。 （1）辩论会。 （2）个案剖析。					

续表

	（3）故事：队员们好！我同意两位的发言，我想讲一个关于鲁迅的故事。听了这则故事，大家有什么想法？ （二）心有榜样 2小队：大家好！我们小队共有13名队员，近期有些队员做事拖拖拉拉，懒懒散散，我们针对这种情况开展了“寻找我身边的榜样”活动。2015年儿童节，习近平总书记参加海淀区民族小学庆祝六一国际儿童节活动时，对我们少先队员提出十六字要求：记住要求、心有榜样、从小做起、接受帮助。大家共同来参加我们的活动吧！ （1）名人名言欣赏。 （2）夸一夸小伙伴。 主持乙：参加了2小队的活动，队员们有什么收获？ （三）我的时间我做主 3小队：大家好！我们3小队共有12名队员，针对不认真完成作业、上课不认真听讲这种现象，我们开展了“我的时间我做主”活动。时间对每个人都是公平的，就看我们怎么利用。看，时间老人走来了。 （1）诗朗诵《时间老人的礼物》。 （2）故事《三分钟规则》。 （3）视频《弈秋学弈》。
辅导员讲话	辅导员讲话：队员们，在今天的队活动中，你们发现了近期中队存在的问题，并通过研讨交流找到了解决问题的办法：珍惜时间，讲效率，合理安排时间，做时间的CEO，同时制作了时间CEO海报，制订了自己的一日规划。希望你们诚实守信，严格遵守规划书的条款，做勇立潮头的好少年。下次我们将针对遵守约定守信用，再次开展活动。队员们，今天你们是时间的CEO，明天你们就是人生的CEO，长大后你们就是祖国各行各业的CEO。我衷心地祝福你们！
预期效果	本次活动后，队员能够产生以下思想的撞击： 1.玩耍和学习不矛盾，可以互补，互相促进。 2.做时间的CEO，学得踏实，玩得痛快。 3.了解了中队的改选和队委的交替、交接情况。 4.对CEO的理解更深入，增强了理想信念，提高了爱国的意识。
活动总结及延伸	通过本次活动，队员们对时间的概念更加强烈，学会了合理利用时间、讲效率、珍惜时间，能合理进行玩耍和学习，认识较深刻。 1.对规划书内容及遵守的效果进行检验、观察、积累。 2.如期进行规划书效果的检查和交流。 3.观察队员的日常行为，用条款进行制约。

第二章

红烛照亮家庭

今夕复何夕，共此灯烛光。

——［唐］杜甫《赠卫八处士》

话语传递着温情，传递着我与家长对孩子的深爱，就像小小的烛光，可以照亮家长育儿的心房。本章收录了我和小米老师与家长的 16 次对话。

家庭教育在孩子的成长中起着奠基的作用。苏联教育家苏霍姆林斯基强调：“没有家庭教育的学校教育和没有学校教育的家庭教育，都不可能完成培养人这一极其细致而复杂的任务。”这就说明了家庭教育在孩子的成长过程中是不可缺少的。现代学前教育鼻祖福禄贝尔说：“国家的命运与其说是掌握在当权者的手中，倒不如说是掌握在母亲的手中。”这句话形象地说明了家庭教育的重要性。中国古语有云：“身修而后家齐，家齐而后国治，国治而后天下平。”家庭的促社会化功能在家庭教育的实施过程中得以实现，社会价值因此传播。基于以上观点，我的带班目标是：家校合作，共育英才。

在 2018 年全国教育大会上，习近平总书记从“四个第一”的高度明确了家庭教育的重要地位，指出：“家庭是人生的第一所学校，家长是孩子的第一任老师，要给孩子讲好‘人生第一课’，帮助扣好人生第一粒扣子。”这更坚定了我的信念。

怎样合作？怎样共育英才？在多年的班主任工作中，我把家长比作青山，把学生比作绿水，与山山鸣谷应，与水浪遏飞舟。让家长带着笑颜成为共同合作者，让学生带着笑颜成为共同奔跑者。

我把家长当校长，常怀敬畏之心。“家庭是人生的第一所学校”，家长理所当然是校长。

我把家长当老师，常怀仁爱之心。“家长是孩子的第一任老师”，家长是孩子的全科老师。

我把家长当朋友，常怀包容之心。“帮助扣好人生第一粒扣子”，家长是孩子的第一位班主任。

我把家长当同事，常怀真诚之心。“家长要给孩子讲好‘人生第一课’”，家长是我办公桌对面的同事。

如何指导孩子阅读

家长朋友们：

晚上好！

思量了很久，我决定每个周六的晚上与大家进行一次交流，既总结一周以来的情况，也交流教育的点点滴滴。为此我确定了一个题目——“红烛夜话”，同时这个栏目也真诚地欢迎家长们参加，大家一起分享教育困惑和教育启示，便于我们共同陪伴孩子成长。

本期话题为：孩子们读什么书？怎样读书？

家长朋友们，我最近发现我们的孩子总是在读漫画之类的书籍，它们的特点是图画多，文字少。我们的孩子已经上了三年级，需要去大量地识字，去运用文字组成段落、习作。孩子们现在应该看的是儿童文学、介绍地理历史知识的书籍，如果放任孩子钻在动画的世界里，既不利于孩子知识层面的储备，也无益于孩子的成长。这样下去，孩子不会组成段落、不会写文章，文思也总是断断续续的，这是近几年高年级孩子作文总是写不好的原因之一。

朋友们，那孩子怎样读书呢？首先，要选择文学类、史地类、科技类这种文字较多的书去读；其次，一本书不能读一遍就过，而是需要反复地读。在这个过程中，不认识的字要查字典解决，好的字词、句子要进行摘抄或者重点记录，喜欢的文章要背诵下来。像我们的教科书，每天孩子都应该把所学课文读几遍。记得以前的作业是要求每篇课文读3遍的，说实话，那才见真功夫，好的事情我们要坚持。

基于上面的想法，我个人发起倡议：

1. 成立班级图书室，孩子们带自己喜欢的 1 本书到学校（文字书，定期更换），开展班级读书活动，由我和专人进行管理。

2. 每天在家孩子们要花五分钟时间读 3 篇课文，或者一篇课文读 3 遍，供家人欣赏，要大声读出来。

家长朋友们，这也是我一直以来对孩子们提高阅读能力的思考，只有阅读能力提高了，数学等学科的理解能力、分析能力才会相应提高。

以上是本次“红烛夜话”的所有内容，同时也是我与语文米老师交流后的一点思考。供大家参考，欢迎提出宝贵意见，更欢迎大家与我们进行交流讨论。谢谢大家！

家长 1：感谢孙老师的良苦用心和谆谆教导，引导孩子们爱学习和会学习。您提到的阅读问题确实很现实，所有学科都建立在理解的基础上。教材内容精挑细选，确实应该精读。孩子对同龄人推荐的书也颇感兴趣，图书角会提供很大的便利。还可以开展自愿的心得交流活动，锻炼孩子们的阅读和表达能力。同时，为减少用眼时间，也可以互相推荐有声读物。

家长 2：感谢孙老师和米老师对孩子们的引导和帮助。未来我会敦促孩子从喜欢看漫画向喜欢看字多、内容好的书和品类多样的优秀经典书籍转化。相信在老师的帮助下，在班级良好的氛围里，孩子们可以在好书里成长学习，可以有更多的积累和更大的进步。

孩子们的课余时间如何度过

家长朋友们：

晚上好！

第二期“红烛夜话”与大家见面了。本期的主题是“孩子们的课余时间如何度过”。

首先，我们总结一下上周落实的情况。孩子们带来的图书被整齐有序地摆放在教室的窗台上，午间休息时会由我或其他看班老师组织阅读，整个教室静悄悄的。有的孩子早晨到校就向我汇报昨晚向家长展示的情况，家长的赞美让他们非常自豪。所以，希望大家和我共同把这件事情坚持下去，让我们的孩子爱上读书，在书里寻找力量。

接下来，孩子的课余时间该干什么呢？我们的现状是：不少孩子一有时间就开始在一张纸上写写画画，也不分主题和内容，只是按照自己的想象去做；还有的孩子就画自己在书中看到或在其他地方看到的图，大多是一些小人儿和模糊的场景，也许只有他们能懂；还有的孩子把纸撕成小块，在一张张的小块上画出来一个连续的内容。我想，这还是因为他们读的漫画书太多了，潜意识里觉得自己就生活在那儿。朋友们，我们的娃娃已经长大，他们不是一二年级的孩子了，他们现在处于智力飞速发展时期，良好学习习惯形成时期，科学的学习方法形成时期。他们生活在科技飞速发展的时代，需要丰富的科技知识、渊博的文化知识、流畅的文字和语言表达能力、聪明睿智的头脑。所以，我认为，面对孩子的这种现状，我们有必要进行监督和引导，让我们的孩子健康成长。

除此以外，既然是智力发展关键期，我们就要和孩子们进行各种益智游戏，比如各种棋类游戏、扑克牌游戏、各项体育运动。这些都是简单的活动，但是却能使孩子们的智力、体力得到充分的锻炼。以往的学生中，棋类好的孩子往往智力非常高、数学思维能力特别强；而体育好的孩子，组织能力强，合作能力强。

最后，如果您家里有棋类的玩具，方便的话可以让孩子带到学校交给我，供他们课余时间游戏；大家可以监督孩子每天都带跳绳（也可以带长绳）来上学，课间去跳一跳。让他们真正地动起来，相信他们的精力是非常充沛的。

谢谢大家的倾听和阅读。以上是我的个人观点，仅供参考。

家长1：支持孙老师的建议。丰富的课余活动既能开发同学们的智力，又能增进友谊，还可以强身健体。

家长2：感谢孙老师的“红烛夜话”，字里行间流露出对孩子们健康成长、全面发展的良苦用心。谢谢啦！

如何培养孩子的规则意识

家长朋友们：

晚上好！

第三期“红烛夜话”与大家见面了！本期主题为“如何培养孩子的规则意识”。

首先，让我对上周情况进行小结。在家长和孩子及我的共同努力下，孩子们读书的兴趣特别高涨。孩子们午间活动特别丰富，他们积极地进行各种棋类的比拼，兴趣盎然。这周我们将进一步合理安排孩子的各项活动（周一、周四进行读书活动，周二、周五进行棋类活动，周三服从学校安排，进行操场大活动）。

家长朋友们，目前摆在我们面前的一个实际问题是孩子们自我意识比较强烈。比如，出现问题总是先说别人、上课不举手就发言、别人的话没有说完就接茬或者哄笑、抬腿就要跑、生怕自己吃亏、唯我独尊。

家长朋友们，在我们的生活中和工作中，一个人通常是不能过于自我的，我们大多时间还是要讲究规则的。为此，规则意识也是我校全人格课程培养的重要内容，要使孩子们从小具有规则意识，做人讲规则，做事讲规则，做向上向善的好少年。

培养孩子的规则意识，首先要使孩子具有集体意识，在家要有家的意识，为家庭争光，为父母争光；在学校要有班集体意识，为班集体争光，为学校争光。这样的孩子长大了才能爱自己的工作、爱自己的单位、爱自己的小家、爱自己的国家，珍惜所得的一切。

培养孩子的规则意识，还要培养孩子心中有他人、处处为他人着想的意识。尊重他人、礼让他人、帮助他人、助人为乐，不怕吃亏、不与他人计较、能倾听他人的意见，这样，长大了才能做一个真正有格局的人，在单位里才能够成为杰出的人，成为人生的赢家。

家长朋友们，俄国教育家乌申斯基说过：“良好的习惯是人在神经系统中存放的道德资本，这个资本会不断增值，而人在其整个一生中就享受着它的利息。”相反，也有这样的句子：“坏习惯在同样的程度上就是一笔道德上未偿清的债务，这种债务能以其不断增长的利息折磨人，使他最好的创举失败，并把他引到道德破产的地步。”让我们在孩子幼小的心灵里种下善良的种子，种下优良的习惯，帮助他们长成参天大树。

最后，我们近期的努力方向是确保三条规则（认真听讲、举手回答、作业工整）的顺利实施，让我们一起贯彻与监督孩子们吧。谢谢您的聆听，本期活动到此结束。谢谢！

家长 1：孩子经常提到班级组织的丰富多彩的活动，下棋、跳绳、读书、篮球赛，这些活动促进了孩子们身心的健康成长，增进了同学友谊和班集体的凝聚力，使孩子们理解了团结协作和遵守规则的重要性。谢谢孙老师为班级和孩子们的付出。

家长 2：感谢孙老师对孩子们德智体美劳全面发展的悉心付出！孩子的进步离不开老师的正确引导。感恩能生活在三（2）班这个温暖的集体里，让孩子们一起快乐学习、开心成长吧。

培养自我管理和发展的接班人

家长朋友们：

晚上好！

第四期“红烛夜话”与大家见面了。本期的主题为“培养自我管理和发展的接班人”。

首先，让我对上周的情况进行小结。上周的学习过程中，大多数孩子能够围绕我和米老师制定的三条规则——认真听讲、举手回答、作业工整——进行学习，上课发言积极了，能够举手说话了，作业也能够积极上交，并且做到了清楚工整，课后的生活也井然有序了。只有个别同学还没有做到，我们会继续进行引导。

一段时间以来，我发现放学后，有的学生的书包由家长背着，书包里也很凌乱，下午放学时收拾东西特别慢，地上总有垃圾，铅笔和橡皮时常丢了没有人要，不承认是自己的，等等。这些现象，反映出我们的孩子还不会自我管理（自我管理不是自我意识，与上期主题并不矛盾）。这里的自我管理是指，自己的事情自己做，自己的物品要爱惜，把自己的学习和生活管理得井井有条，逐渐养成勤俭节约的好习惯。相信家长朋友在孩子很小的时候就教育孩子自己的事情自己做，自己系鞋带，自己吃饭等。随着孩子年龄的增加，更需要自我管理，我们要教育引导孩子整理自己的书包，整理自己的书桌，会洗自己的小衣服，能够管理好自己的文具，自己生活中的垃圾自己会处理而不是随便乱丢，能够积极地进行简单的劳动（拖地、扫地等），直至独立完成作业，不用家长看着，等等。在此，我要表扬小轩、小瑜、小辰等学生，他们的劳动能力特别强。我曾经教过一个孩子，他的父母做生意，没有时间陪伴他，他自己就把语文字词录下来，给自己听写，让人感动。这些也是我们学校“服务之能”课程的主要内容。到了高年级，学生的自我管理就发展到能够参加家庭会议、参与家庭管理，能够进行简单的工具维修等。

家长朋友们，我们要把孩子当成优秀的种子去培养，而不是只关注他们的情绪。要让他们具有生活的能力，能够自我生存。所以，一定要培养孩子的自我管理能力，让他们自己完成自己的事情，自己处理与同学的事情，不断地在集体生活中培养自己的能力。

家长朋友们，一个人在集体中具有规则意识，在学习和生活上能够自我管理，这样的孩子一定是一个非常优秀的孩子，将来一定是一个优秀的接班人，一定能让我们家长和老师提到他就幸福满满。

基于此，我们的小措施是：

（1）家长们关注孩子文具的购买量，定量购买，同时，不要购买豪华、贵重、鲜艳的文具，简单实用即可，避免文具吸引孩子上课的注意力。

（2）在家让他们每天整理好自己的书桌，整理好自己的书包。

（3）书包中的用具要合理放置，不必要的不要带到学校，“给书包减负”。

（4）班级设立管理员，及时进行监督和评比。

家长朋友们，本期活动到此结束。感谢大家的聆听。谢谢！

家长 1：感谢孙老师和米老师在家校教育方面的用心，感谢老师们从孩子们的日常行为中发现值得关注和改进的地方，呵护孩子们身心健康成长。我们家长也会共同努力，在生活中正确引导，创造机会提升孩子的自我管理能力。谢谢老师们！

家长 2：感谢孙老师和米老师对孩子们的关爱，在日常学习和生活中如此用心地关注孩子们的发展和成长，也根据具体问题给家长提出了切实可行的建议，使得家校及时沟通并形成合力，助力孩子们的成长。非常赞同您的观点，对时间的管理、对物品的管理、具备生活的自理能力是一个人获得幸福感和自我认同感的基础。我们以后一定多给孩子机会，让他们参与家务劳动中去，锻炼自我管理能力。

如何培养孩子说话

家长朋友们：

晚上好！

第五期“红烛夜话”与您见面了，本期的主题是“如何培养孩子说话”。

首先，让我对上周的情况进行总结。上一周，同学们在校园志愿服务工作中表现得非常棒，体现了我们前期的教育效果。他们的规则意识更强了，懂规矩讲责任，同时也能够自我管理，知道了这份工作是“我”的事情，“我”要认真地去完成。同学们在忙碌的同时，也暴露出一些小问题，就是他们在自主交流时，表达心声和交流的策略、方法不是很合适，有时候大声喧哗，有时候七嘴八舌地嚷，有时候不倾听其他人说话、随便打断别人的发言等，这些现象反映出孩子们在语言交流上的问题。

家长朋友们，说话是一门艺术。会说话的人，人人喜欢；不会说话的人，会让人感觉不舒服；会说话的人，一开口就赢得了胜利。从孩子出生，我们就期待他们大声说话，越活泼越爱说越好，是的，孩子爱说话是聪明的表现，是思维水平的体现。上了学，对于低年级的小学生，我们也教育他们要大声说话，对于积极发言的孩子给予表扬和鼓励。到了中年级，我们更加鼓励孩子大声说话，积极发言。随着孩子年龄的增长，我们的要求就更高了。

（1）发言前，要先学会倾听，听一听别人是怎么想的，然后再思考自己应该说什么。这也是智力锻炼的一种方法，是一种善思。

（2）不打断老师和同学们说话，发言要先举手，这是一个人素质的体现，更是文明礼貌的表现。

（3）说话时要有条有理，说话的神态要专注，身体要端正不乱晃。

（4）要学会补充发言。别人说完了，“我要给他进行补充”等，发表自己的不同见解，不是张嘴就说。

家长朋友们，语言交流的艺术非常深奥。我们都是成年人，在社会上生活了很多年，深知其重要性，工作中善于交流的人更容易获取机遇，不善于运用言语的人会给自己平添许多麻烦。敬爱的周总理在外交场合，总是能凭借自己高超的沟通技巧为我国取得一个个外交胜利。我们的孩子处在发展期，我们要从小培养孩子会说话、会交流、会听讲的能力，培养他们分时间、分场合地说话，恰如其分地据理力争，更要培养他们保留意见，单独交流。只有这样，孩子长大了才会知道什么时候说什么话，能够在职场中与人交流。

为此，我们提出倡议：我们共同在家庭成长的环境中，在学校生活的环境中，各司其职，一步步地培养孩子会说话、会交流、会用文明的语言表达自己的合理诉求。

家长朋友们，本期的“红烛夜话”就要结束了，感谢大家的聆听。祝大家周末愉快。

家长1：说话，看似简单，实则需要智慧。做到说话有条理，学会倾听，是孩子走上社会的第一步。跟随学校的脚步，和孩子共同进步，感谢孙老师和米老师的倾心分享。

家长2：感谢孙老师和米老师的分享。说话对社交至关重要，是孩子也是家长一生的必修课。孩子从倾听到思考再到表达，从会说话到文明用语再到能言善语，都是潜移默化的积累。让我们家校合作，共同努力。

科学的陪伴是幸福的存单

家长朋友们：

晚上好！

第六期“红烛夜话”与您见面了。本期的主题是“科学的陪伴是幸福的存单”。

首先，我要对上一周居家学习情况进行总结。由于疫情防控需要，上周我们又居家了，但是，孩子们的学习没有耽误。他们认真倾听老师的直播课，积极举手发言，及时、工整地完成了作业，积极参加体育锻炼。他们做得非常棒！为他们点赞，也为我们的家长点赞！

家长朋友们，就像上次沈专家讲座所说，疫情当下，我们的孩子、我们的爸爸妈妈都不容易，挤在一个屋檐下，没有一点距离。我们成人的空间，孩子的空间，还有长辈的空间，不时地交错。说心里话，要和谐相处，真需要超常的情商和智慧。这就需要我们提高认识，要意识到科学的陪伴才是幸福的存单，要明白孩子是潜力股、绩优股，是我们一生的牵挂，不容一点马虎，需要每天认真对待、认真呵护、科学陪伴。疫情当下，我们的情绪要服从孩子的情绪，我们是大孩子，孩子是小孩子。即使孩子有点情绪，我们也要理解，喜怒哀乐的变化我们要及时关注、及时疏导，我们每个人都是心理的调解师。说到这里，我倒不认为有点情绪就说明心理有问题。心理问题是长期强烈的环境或人为的刺激产生的心理现象，我们目前的情绪只是为之一惊、为之一颤、为之一震，只要我们自我调整，提高自我认识，就可以克服，这也是我们人体免疫功能的自我保护。希望家长们及时关注孩子，疏导他们的情绪，科学合理地陪伴，引导他们健康成长。

家长朋友们，居家期间，我们要多进行一些亲子活动，一起做一做家务，培养孩子的劳动能力；一起做运动，增强孩子健康的体魄；一起学习科技知识、历史故事等，提高孩子的认识；一起完成学科网络作业，提高孩子应用现代技术的水平（我任教过的高年级班的孩子，都是自己制作视频、编辑文件）。朋友们，家庭应该是幸福的港湾，不只是两个人的，更是三个人或者四个人的。亲情难得，定要珍惜。等孩子长大了，恐怕我们想留也留不住。

最后，我们再次倡议，大家在科学陪伴的同时，要指导孩子：

（1）认真听直播课，遵守课堂纪律，积极回答问题。

（2）及时提交作业，及时查看作业反馈，并进行改正。

（3）不懂的问题及时问，可以与老师随时进行微信联系。

（4）学科任务做到今日事今日毕。说心里话，这一点，我们班做得不是很好，请提醒孩子及时提交。

（5）积极遵守防疫政策，做好个人防护。

家长朋友们，本期的“红烛夜话”活动就要结束了，感谢大家的聆听。

家长 1：感谢孙老师和米老师的指导。我们受益匪浅，在居家学习生活中一定关注家庭氛围，科学陪伴孩子，和孩子一起开展丰富的亲子活动和体育运动，并鼓励孩子多多参与家务劳动，给孩子提供健康良好的环境，为孩子的学习和成长做好保障。

家长 2：感谢孙老师和米老师的分享。孩子的成长需要家长的正确引导和培养，居家学习的这段时间也是家长和孩子共同分享、增强沟通的好机会。这可以让家长更好地参与孩子的学习和生活。希望这个特殊的时期可以让家长更加了解孩子，让孩子更加坚强，面对任何苦难都能更加从容。

让积极成为一种习惯

家长朋友们：

晚上好！

第七期“红烛夜话”与您见面了。本期的主题是“让积极成为一种习惯”。

首先，让我们对上一周的居家学习情况进行简单的总结。上一周，我们的孩子们特别乖，听讲特别认真，回答问题特别积极。作业的提交率也大大提高了。特别是上周我和孩子们听米老师作文讲评课时，孩子们意犹未尽，那专注的状态，令我非常感动。这些都离不开家长们的努力，您的陪伴给予孩子力量，让他们感到父母时刻在身边，产生了安全感和积极性。

当然，还是有一些孩子提交作业不及时，甚至效率不高。这种现象综合起来有以下三个原因：

（1）孩子没有听懂，不会做。

（2）父母上班回来晚，自己无法操作。

（3）孩子自己磨磨蹭蹭、拖拖拉拉，做事不积极。

前两个都好解决，不会做可以请教老师，及时搞明白。不会操作，这个也可以理解。最后一个原因是个大问题，包括我们在线下教学中也有一部分同学有这样的问题。

家长朋友们，孩子做事磨蹭、拖拉、不积极，这不是小问题。现在如果养成这个习惯，到了高年级或者中学，学习任务重，科目多，那就会造成作业堆积如山。以往我教毕业班的时候经常会出现有的孩子作业总也写不完的现象。也有回学校看望我的毕业生，他们到了中学更是感慨作业太多了。然而，有的同学就不会说多，我问他们初中作业多不多，他们的回答是还可以。仔细一想，这些孩子小学就是学得比较轻松的，因为他们从小就珍惜时间，积极完成各项任务，积极高效成了他们的习惯。我想这些孩子到了大学以至于工作，或者说在整个人生过程中，他们都会是这种积极进取的态度。他们不觉得累，因为他们知道做事要积极，才不会为事情所累。这一点，我想我们成年人都有体会。想一想我们在少年时，一定是一个积极进取、不磨蹭、不拖拉的孩子。孩子的成长，就像一棵小树苗，长出来枝杈，应及时地疏导和纠正，采取果断的措施，只有做到这样，我们才能静待花开。

孩子不积极写作业，做事拖拉磨蹭，我们不能强制，也不能等待，教育孩子来不及等待。我们可以采取一些鼓励的措施和方法，配合老师及时监督。我们可以看一看孩子的记事本上有什么任务，监督指导他一条一条地完成。当然，重要的是，要让孩子明白，让他们从心里转变观念，端正学习的态度。我们可以和孩子进行交流谈话：

（1）只要你快速高效地完成作业，你会发现自主的时间是足够的。当然，我们说话要算数。

（2）你认真高效地完成作业，老师欣赏你，学生羡慕你，爸爸妈妈更喜欢你，你会天天充满快乐。

（3）如果你每天都这样坚持，写作业越来越及时、越来越高效，你的学习会变得很轻松，你一定会越来越优秀。

当一个孩子明白做事情的道理后，他自然会积极地付诸行动。

家长朋友们，让我们一起鼓励孩子积极完成作业，认真提交作业，不磨蹭、不拖拉，从小养成积极进取、只争朝夕的态度。

家长朋友们，本期的“红烛夜话”就要结束了，感谢大家的聆听。祝大家周末愉快，更祝大家平安健康。

家长1：感谢孙老师的分享。良好习惯的养成，不是一蹴而就的，需要家长和老师的支持和指导，更需要孩子坚持不懈的努力。居家期间，我们争取做到从小事做起，明确每日学习目标、独立自主开展学习、规律作息、劳逸结合，帮助孩子养成良好习惯。

家长2：每次看到孙老师的分享，我都会给孩子读一遍。居家学习，不仅考验孩子的自我管理、自主安排能力，也考验我们家长的沟通和引导能力。感谢孙老师每周画重点、支妙招，让我们家长和孩子都能够及时关注问题，纠正错误。

从小培养孩子认真的习惯

家长朋友们：

晚上好！

第八期“红烛夜话”与您见面了。本期的主题是“从小培养孩子认真的习惯”。

上一周我们依然居家学习。在各位家长的精心培育下，我们的孩子进步很大，作业提交率特别高，接近百分之百，同学们也积极地与老师互动交流，完成改错任务。这就是一种积极的学习态度，更是一种积极的人生态度，相信他们会终身受益。

家长朋友们，认真是为人处世的一种行为准则，也是一种人生态度。认真对待生活与工作的人，美好必然不会与其逆向而行。我们认真善待它，它一定会给我们意想不到的惊喜。一周以来，我和米老师都发现，孩子们提交的作业，有的书写不工整，有的拍照不清晰，有的改错不及时。这反映出我们的孩子存在着消极应付的思想，作业写了就行，照片拍了就提交，作业交了就不管对错。这样的行为习惯，长期下来，会使孩子滋生懒惰，养成做事消极应付和不负责任的习惯。

记得孩子们刚刚上一年级的时候，老师就培养孩子们要认真地写好每一个笔画、每一个汉字。我们家长们看到孩子清楚工整地书写时，心里美滋滋的，充满了希望。随着年级的升高，学习任务的不断增加，有的孩子就忽视了书写的质量，而有的孩子却一如既往地记住了当初米老师的要求。这种坚持、这种认真，使他们现在的书写依然是那么美丽、工整。这样继续下去，相信这些孩子们会做得更好。真正的强者皆是认真之人。

家长朋友们，未来多磨难，道路多曲折，只要认真肯干，就一定能战胜一切困苦。认真对待工作与生活中的每一件事情，克服出现的种种困难与坎坷，只要努力向前奔跑，生活与工作就永远在阳光照射之下。这些是我们孩子们将来要面对的，也是他们必须要养成的核心素养。从小就养成认真的习惯，长大了才能认真地对待一切，才拥有战胜困难的法宝。想一想，我们当初每个人生阶段都是从认真开始的，我们的学习、工作、婚姻、家庭，每个阶段的成功都离不开认真。这两个字，仔细地回想一下，还真的离不开我们的启蒙老师、我们的第一任老师——父母。

家长朋友们，培养孩子认真的习惯，不能含糊，不能等待，我们要时刻准备，时刻警醒。目前，我们的学科新授任务基本结束，下周开始就要进入期末复习阶段。期末的学业测查是必不可少的，无论是在线上还是线下，清楚工整的书写都是必需的，有条理有层次的书写也是必需的，按照题目的要求作答更是必然的。为此，接下来的两周，任课教师会继续重点关注和指导孩子们的书写，包括字迹、速度、完整等情况，同时，我们家长也要与孩子进行一次交流，提醒他们认真作答、认真书写、认真读题、认真对待测查工作，成功上交自己一学期以来的满意答卷。杨绛先生说过：“一个人经过不同程度的锻炼，就获得不同程度的修养、不同程度的效益。”让我们的孩子认真地对待每一次历练，获得每一次成功，不断地向前发展。

家长朋友们，本期的“红烛夜话”结束了，感谢大家的聆听。祝大家周末愉快，更祝大家健康平安。

家长 1：让孩子从小养成认真的习惯，久而久之，他们会体验到成功的喜悦，会有一种自豪感和满足感，学习信心会逐渐建立起来。作为家长，我们也要以身作则。感谢孙老师和米老师的分享。

家长 2：感谢孙老师和米老师的分享，感谢各位老师的辛苦付出。认真的品质，都是从小培养出来的。有认真负责的精神，才会敢担当、识大体、懂大局。家长更要以身作则，培养孩子的专注力，为居家学习习惯的养成提供良好的环境。

让孩子在志愿服务中成长

家长朋友们：

晚上好！

第九期“红烛夜话”与您见面了。本期的主题是“让孩子在志愿服务中成长”。

本周的校园志愿服务活动结束了，正如大家所期待的那样，我们班的孩子们非常出色、非常认真地完成了这次活动。因此，我们增加了一期“红烛夜话”。

志愿服务工作开展以来，我看到他们在先锋岗上笔挺的身姿；看到他们在检查红领巾时认真稚嫩的神态，看到他们升国旗时那坚毅的目光和帅气的动作，看到他们楼上楼下忙碌的身影，看到他们匆匆吃饭奔赴检查岗的步伐，看到他们与同学们亲切交流的神情，看到他们激烈研讨交流的场面，看到他们认真计算默默汇总积分的情景，听到他们高亢激昂的广播等，我被深深地震撼了。这些 9 岁的孩子，能够这样认真、这样有规矩、这样负责任地去完成一件事情，去履行自己的职责，这才是真正的接班人，才是我们共同的期望。

家长朋友们，孩子们总是在活动中成长，总是在对比和发现中成长，在幸福与困难、挫折与成功中成长。在今天下午的班级总结会中，孩子们畅所欲言，发出了自己的心声。他们发现了他人的优点和不足，同时也发现了自己的优点和不足。他们在对比中树立了标准，建立了榜样，明确了未来努力的方向，这就是成长，这就是进步。

家长朋友们，孩子的成长过程也离不开家长们的辛勤付出。孩子们那么早到校，我们家长要起得更早，甚至早起一个小时。这些打乱了家长们的常规生活，在此真诚地道一声：谢谢！为了孩子的成长，相信大家是幸福的。

家长朋友们，随着志愿服务工作的结束，“陶然蓝”志愿马甲就要离开我们，传递到下一个班级了。在这一周的温情陪伴中，“陶然蓝”志愿马甲有的地方已经脏了或者出现了破损，希望我们在休息之余给洗一洗，整理一下，然后装在一个袋子里，周一让孩子带到学校，完美地传递到其他班。大家辛苦啦！

最后，让我们与孩子共同成长，期待下次的校园志愿服务活动。家长朋友们，本期活动到此结束。感谢大家的聆听。谢谢！

家长 1：感谢孙老师的分享，也感谢学校和老师能够给予孩子们这样好的锻炼机会。孩子们在校园志愿活动中培养了责任感，他们的点滴成长，我们在家里也能感受到，这都离不开孙老师的用心教导，还有学校和老师们的共同努力。作为家长，我们也会和孩子们一起成长，共同进步，期待下一次的活动。

家长 2：感谢学校和老师给孩子们创造了这么好的树立主人翁意识、培养团队协作精神的机会，并且让每一位同学都能参与其中。最近明显感受到了孩子的变化，包括努力去兑现自己的承诺、不希望自己失信于人，等等。尤其是在看到孙老师分享的照片时，为一张张稚嫩而认真的面容所感动。期待下一次志愿者周。

把学业监测当成一项活动

家长朋友们：

晚上好！

第十期“红烛夜话”与您见面了。本期的主题是“把学业监测当成一项活动”。

家长朋友们，由于疫情原因，孩子们居家学习已经有一个月了。我们的学期工作也接近了尾声，各个学科已经开始开展期末的复习工作了，学生的学业监测也会如期地进行。对学生而言，不论是哪个学龄段，也不论是哪个国家，学业监测其实都存在，只不过形式不同、时间不同。学生的学业监测就像我们成年人的工作总结，无论多长时间，无论是要跨年度跨季度，总之都是要进行的。这是对我们阶段行为的一种小结，帮助我们梳理自己的得失，找到下一步努力的方向，就像是好朋友间的一次聚会，队友之间的一次切磋。为此，我们不妨把学业监测当成一项活动，引导我们的孩子来完成，这样，孩子才不会产生压力，家长们也不会顾虑重重。

活动是学校开展育人工作的主要模式，只有在活动中孩子才能得到锻炼，得到发展，才能找到自己的不足和发现自身的闪光点，也才能在活动中提高合作交流的能力，提高组织能力，使自己的综合能力得到发展。其实，这和家庭教育是一样的，大家不妨思考一下，我们带孩子进行的每一次旅游，每一次去朋友亲戚家做客，每一次的家庭聚会，每一次的亲子活动，孩子都会有变化，这就是成长。有的细心的家长会及时和孩子进行交流和总结，再鼓励孩子写出小文章，那么这个活动就是非常成功的，收获是不同凡响的。咱们1班和2班在进行完校园岗位志愿服务后，通过他们的总结和交流，我和米老师发现，孩子们的变化非常明显。他们有了榜样，也在对比中找到了自己努力的方向，心中已经树立了前进的目标，这就是活动带来的效应。

活动要注重过程。大家都知道，在家庭活动中，我们总是提前进行布置，并提出要求，然后再去进行各种准备，最后参与实施。譬如我们参加朋友聚会，会教育孩子懂礼貌、守规矩、注意安全等；然后，我们准备礼物、准备服装等；接着，小心翼翼、高高兴兴地出席。学业监测作为活动，其实也是一样的。

首先，我们要与任课教师引导孩子进行学科的全面复习，提出复习的要求，进行科学的复习工作，孩子们要及时完成老师布置的任务，认真听讲，围绕老师的辅导积极进行查漏补缺；还要准备学习用具、测查的工具等；更要认认真真地进行书写，积极地思考，按照要求参加学业测查。在这个活动中，学生经过严谨科学的复习、充分缜密的准备、严肃认真积极的测查，他们的学业水平得到发展，身心同样得到发展。这就像是世界杯，更像是奥运会，得到锻炼的不仅是运动员的身体，还能使他们产生崇高的爱国情怀。就像我们自己在单位中的发展一样，经历和参加几次大的活动，我们会发现自己进步特别大，再加上善于总结反思，那很快就会成为单位的骨干。

家长朋友们，孩子们的成长离不开活动，我们要把期末学业监测当成是一项活动。通过活动孩子得到了成长和锻炼，感受了勤奋学习、科学复习、认真参与、体会成果、积极反思的过程。孩子们从小到大会经历无数次这样的活动，我们积极地引导，他们会慢慢变得优秀，慢慢走向成功，然后充满信心地去迎接更大的挑战。

家长朋友们，本期的“红烛夜话”就要结束了，感谢大家的聆听。祝大家周末愉快，更祝大家健康平安！

家长1：感谢孙老师的提醒与引导，疫情严重的当下还坚持家校共育，让我们深受感动，向您致敬。学业监测不仅是学习的总结和回顾，也是对学习成果的检验，是孩子学习成长过程中不可或缺的部分。正确对待、科学规划、从容应对、反思提升，这是孩子和家长共同努力的方向。感谢孙老师提出的建议，我们努力引导，力争让每一次学业监测都能成为孩子们充满信心参加的活动。

家长2：非常感谢孙老师从10月底以来每周六的“红烛夜话”，从读什么书，怎样读书，如何利用课余时间，如何培养责任意识，如何自我管理，如何培养孩子说话，如何科学地陪伴，如何让积极成为一种习惯，如何培养孩子认真的习惯，到如何准备学业监测，每一期每个主题读完都让我们受益匪浅。谢谢您的良苦用心，也祝您身体健康。

引导孩子学会自我挑战

家长朋友们：

晚上好！

第十一期“红烛夜话”与您见面了。本期的主题是“引导孩子学会自我挑战”。

家长朋友们，挑战是一次检验，更是一次突破，我们这次期末学科综合练习就是一次针对孩子的自我挑战。孩子们经过一个学期的充实学习，积累了丰富的学科基本知识和基本技能，适时地进行一次自我检验是有必要的。通过自我检验，可以检验自己学习的效果，检验自己哪里比较扎实，哪里还有所欠缺，并及时进行查漏补缺，便于以后更好地进步和发展。一个阶段的努力需要进行一次自我检测。常言说：十年磨一剑，霜刃未曾试，一朝破竹势如虹。我们不能要求孩子只做磨剑人，更要积极地引导学生去做试剑人。宝剑只有越磨才会越锋利，汽车越跑才会越快，自行车越蹬才会越顺滑。勇于挑战，勇于突破，才能不断地进步。我们成人的世界也不能总是一成不变，也需要不断地去挑战，增进生活和工作的乐趣，不断地向前发展。孩子们通过参与挑战活动，也能体会到快乐与幸福。

家长朋友们，挑战要做好物质准备和精神准备。我们要善于引导孩子，积极面对每一次的挑战；要提高认识，端正心态，做好精神准备；要充分理解挑战的意义，就像参加一次比赛，进行一次自我尝试，重在参与。我们要鼓励孩子认真面对，积极参与，更要做好物质方面的准备，准备好参与挑战的设备设施及参与挑战的工具。比如，我们的这次期末综合学科练习，孩子要准备好必要的视频工具，准备好常规用具：多准备几支削好的铅笔，几张草稿纸，橡皮、直尺、三角板，提前打印好的答题纸，等等，做到有备无患，保证我们挑战活动的顺利进行。

挑战要遵守规则，要诚实守信，要积极地照章办事，要提高规则意识，这也是尊重他人的表现。家长们，我们要积极引导孩子，严格按照培训的要求完成综合练习。三年级的孩子第一次参加这样具有一定规模和一定形式的练习，要注意引导他们遵守规则，养成认真、细致、谨慎、科学、诚实的态度。他们只有养成了良好的习惯，在以后的学习过程中，他们才会不断进行巩固，不断提高。

家长朋友们，挑战需要勇气，更需要一种坚韧的毅力。在这一过程中，无论时间长短，无论科目难易，都需要孩子们坚持走下去，将任务进行到底。我们要从小教育孩子，做事情有始有终、有头有尾，不能虎头蛇尾、半途而废。在马拉松的赛场上，坚持跑到终点的人，在生活中一样会将每件事坚持到最后。我们的孩子第一次这么长时间地完成一次练习，他们可能还不适应，会出现做完了不检查、玩文具、东张西望、做鬼脸、离开座位等行为，这些都会影响本次活动的质量和目的。为此，家长们要提前叮嘱孩子，做完学科综合练习，一定要从头到尾地用手指着认真检查，重新读题，反复验算，修改作文，筛查错字。尤其是老师重点提醒过的问题，如数学题有没有写单位，有没有写“答”，英语的选项与听力是否相符等。遇到不会的，要认真回忆老师平时怎么讲的。这是对自己负责的一种表现。

家长朋友们，人生是一场漫长的马拉松，孩子们需要挑战一个又一个的关卡，不断地进行自我检验和自我挑战。汪国真说，既然选择了远方，便只顾风雨兼程。孩子们形成了良好的习惯、科学的学习方法、审慎的态度，他们必定会不断充实自己，不断向理想靠近。这也是我和米老师愿意看到的。

家长朋友们，本期的“红烛夜话”就要结束了，感谢大家的聆听。祝大家周末愉快，更祝大家健康平安。

家长 1：感谢老师们这段时间带病坚持带领孩子们为第一次期末综合练习统筹复习。我们也会按照老师们的叮嘱，根据家长会的内容，认真做好准备，为孩子们一学期的学习递上圆满的答卷。

家长 2：感谢“红烛夜话”栏目对孩子们的积极引导和耐心教导。作为家长，我们一定监督孩子做好各科复习，并做好设施设备保障，家校合作，保证孩子们测试的顺利进行。

引导孩子学会反思

家长朋友们：

晚上好！

第十二期“红烛夜话”与您见面了。本期的主题是“引导孩子学会反思”。

家长朋友们，一年一度的期末学业检测工作结束了，因为疫情，为减轻学生负担，我们及时调整了策略方法，因而称呼这次学业检测为综合练习。任务已经结束，留下的是思考。老师们在积极地进行分析总结，发现问题，为开学后的工作做准备。我想孩子们也要学会思考自己在这次练习中的得与失。家长们，我们不妨与孩子进行简单的交流沟通，培养孩子做事情要反思的好习惯。

反思，简而言之就是自我反思、自我总结、自我检查，从而弥补短处，纠正过失，发扬优点，不断前行。通俗地说，反思就是回头看一看、想一想、说一说。我们要引导孩子找失误，更要引导他们找闪光点，学会赞美和表扬。比如，在这次疫情中，孩子们也不容易，天天坐在屏幕前学习，想想也是枯燥的，但我们一定要让孩子感受到这种学习方式下自己的进步。至于结果，我们坦然接受。接受之后进行反思：学习的态度是否需要加强？听讲的效果是否要提高？书写的状态是否要调整？日常的作业是否要独立、及时、认真？马上开学，应该怎样去面对？这些才是练习后需要寻找和发现的问题。

家长朋友们，反思是一种智慧，是高级智力行为的一种体现。经过实践就是一次再学习。钱学森等老一辈科学家，正是在无数次的实验反思后，才使我们的原子弹发射成功。岁末年关，大家都在追问自己：这一年我做了什么？我得到了什么？失去了什么？在哪里留有遗憾？明年，我是否能更改，能比今年好？这就是我们成年人的反思。

家长们，反思是一种能力，是自我进步的催化剂，更是写作的源泉。会反思的孩子，写作文一定不发愁。这也是我和米老师不断总结发现出来的。我们要善于培养孩子的反思能力，从几句简单的交流、从一段简单的谈话、从一次简单的总结书写开始。从小学会反思，长大了做事情，才会有头绪、有条理、有思路，才不会怕事，才会敢想敢做。

家长朋友们，本期的“红烛夜话”就要结束了，感谢大家的聆听。祝大家新年快乐，幸福安康，万事如意。

家长 1：通过反思总结经验、发现不足、指导实践、促进发展。经常性和习惯性的反思对个人成长具有重要意义。感谢孙老师和米老师的谆谆教导，带给孩子们智慧、力量和信心。感谢孙老师、米老师、各位老师和大小朋友们的陪伴，祝大家新的一年平安健康、万事顺意。

家长 2：感谢孙老师和米老师的“红烛夜话”栏目，为孩子们各个阶段的学习生活指明了方向。感谢孙老师、米老师和各位学科老师们一学期以来对孩子们的关怀和付出。新的一年，祝福老师们、同学们和家长们新年快乐，幸福安康。

引领、陪伴孩子度过快乐的假期

家长朋友们：

晚上好！

第十三期“红烛夜话”与您见面了。本期的主题是“引领、陪伴孩子度过快乐的假期”。

轰轰烈烈的学期结束了，从今天开始，校园安静了，教室也没有声音了，操场再无喧嚣，办公室门口再无人喊报告，只有钟表嘀嗒地响着，一切都是那么安静。

家长朋友们，我们的孩子回家了，放假了。如何引导和陪伴孩子度过一个快乐的假期，是我们本期重点研究的问题。欢迎大家与我和米老师交流探讨，互动研讨，共同学习。

假期需要有一个好的计划。任何事情都源于计划，有了好的计划等于成功了一半。在我们的寒假实践活动中，米老师布置了制订一个假期计划的作业，孙老师也布置了制订自己的作息时间表的作业，这些都有一个初衷：让孩子们有一个假期计划，或者说规划。家长们，大家都知道，我们成年人做事情总要先计划，再找人商量，最后再思考定夺，确保自己做的事情万无一失，这和孩子放假一样。假期不是对孩子不管不顾，否则，教育和孩子的成长就会割裂、无法接续，做不到可持续发展。家长们，帮助指导孩子制订一个科学合理的、切合自己实际情况的假期计划，可以使孩子的假期更快乐，更充实，更有意义。

家长朋友们，假期和学期不一样。学期的重点是学习和生活，在学习中体验生活，学习生活的技能和方法，在生活中复习学过的知识，用以解决生活中的问题；假期的重点是休息，在假日里进行合理的身心调整和修养，养精蓄锐。为此，有几位家长咨询我："老师，这么长的假期，怎样给孩子辅导一下，从哪些方面给他们抓一抓？"其实，大可不必，家长们，再说得直白一点：假期就是玩。会玩的孩子总是聪明的，因为在如何玩得快乐的过程中，他一定是动脑子了，他的脑细胞一定在充分运动，激情澎湃地旋转，这能不聪明吗？反而，我们作为家长，要还是让孩子学学这个，学学那个，报个班吧，很大程度上会剥夺孩子的自由，那他的脑细胞可能会受到抑制，不怎么自主旋转，都是机械运动，毫无激情，严重的甚至会产生厌学情绪。革命导师李大钊教育他的女儿李星华："要玩就玩个痛快，要学就学个踏实，做事情不要三心二意。"家长们，孩子的三心二意就是这样产生的，为此，我们一定要引导孩子该做什么就做什么。学期里学习就要踏踏实实，假期里休息就要痛痛快快，这也是我们教育的一种方式，更是教育的目标：执着和认真。当然，学习的过程中，稍做一点娱乐；玩的过程中，穿插一点学，并不矛盾，这可以起到适当的调节作用，相得益彰。

家长朋友们，在这个假期，我和米老师还有其他的学科教师为孩子们准备了科学合理的实践活动方案，既有基础类的，也有实践类的，还有拓展类的，照顾了各类孩子。如果孩子能够科学合理、讲效率、讲成效、有计划地完成了这些任务，其实，整个假期就很充实了。何况德育处也布置了相应的教育活动，只要我们监督指导孩子认真落实就可以了。

家长朋友们，教育要遵循一定的规律。学期和假期总是交替进行，我们要科学、合理、合情地指导和陪伴孩子度过一个快乐、充实的假期，让孩子的身心得到休整，让孩子的天性得到充分的释放，让他们体会到好好学习是一件快乐的事情，是可以有回报的。

家长朋友们，本期的“红烛夜话”就要结束了，感谢大家的聆听。这一个学期大家辛苦了，感谢大家对我和米老师等任课教师的支持和理解。谢谢！

家长1：谢谢孙老师、米老师一学期以来的辛苦付出。本期“红烛夜话”是一场及时雨，为孩子们的假期生活提供了很好的建议和思路，劳逸结合的寒假生活需要家长和孩子一起制订计划，在放松身心的同时对本学期的知识进行复习和查漏补缺，为下学期良好的学习状态打下基础。

家长2：感谢孙老师和米老师的用心。规划先行，谋定而后动，方能支撑可持续发展。孩子们科学规划假期生活，并能付诸实践，不虚度光阴，这正是我们所期待的。相信孩子们一定都会以满格的正能量，迎接新一年、迎接新学期。

积极陪伴孩子科学出行

家长朋友们：

晚上好！

第十四期“红烛夜话”与您见面了。本期的主题是“积极陪伴孩子科学出行”。欢迎大家积极参与互动交流研讨。

家长朋友们，寒假已经进行一周的时间了，看到孩子们走进陶然亭冰场，走进剧场，走进博物馆，走进乡村民宿，走进大自然，领略大自然的美景，享受生活带来的快乐，我和米老师为孩子们高兴，更为家长们点赞，假期就应该这样快乐地进行。

家长朋友们，出行愉悦孩子的身心，锻炼孩子的身体，是孩子享受快乐童年的重要方式。经过一个学期的学习，孩子的身心需要调整和休息，以此来释放压抑、紧张的情绪，更需要积蓄再次腾飞的激情。每年假期都是旅游的高峰，可以看出家长们对于孩子假期出行的重视程度。那种“好出门不如赖在家”的想法是消极的。

外出旅行、活动，不仅增长孩子的见识，还能拓宽孩子的视野，意义重大。几年前有幸接触了我国驻加拿大使馆的参赞王辉耀先生，是在一所学校的赞助活动上，而王先生居然带着自己的一双儿女。当时我不是很理解，这么隆重的场面为什么还带着孩子。在之后的接触过程中，我才恍然大悟，王先生是在通过这种形式教育自己的孩子。王先生说，在他 4 岁的时候，父母就带着他游历祖国的大好河山，父母走多远，孩子就能行多远。想一想，王先生的父母真是用心良苦。

大家都知道宋朝的词人苏轼、辛弃疾，他们的词追求壮美的风格和阔大的意境，游历山水与沙场生活功不可没。他们之后，词这一文学体裁，引领更多人把生命置放在祖国的大山大河当中，去历练自己的情操，让豪放之风蔚然九州。当下，我想，我们一定是希望我们的孩子自信、大方、开朗地去生活，去做事，而这些是要从小培养的。

家长朋友们，出行增强了孩子的安全意识，提高了孩子的生活自理能力，增强了孩子的个人防护意识。我们的每一次出行活动，接触的人员都较为复杂，周围的环境多种多样，未知的事情随时可能发生，在这样的情景中，我们的孩子可以得到不同的锻炼。孩子们从陌生到熟悉，从紧张到愉悦，从拘谨到开放，这是一个多么伟大的情感转变和认知转变！这个成长的过程，我们应该为之鼓舞欢庆。

家长朋友们，出行活动可以增进亲子关系，提高家庭凝聚力，调节家庭氛围。大家仔细地回忆一下，每次旅行归来，孩子们是不是都特别高兴，做事更有行动力？我们也一样，从心情到身体，都倍感舒适。我们要让出行活动成为一种习惯，成为一种激励孩子积极向上的生活方式，成为一把鼓励孩子们进步的钥匙，成为一种激励孩子的重要措施。家长们，让我们科学地引导孩子走出家门，走向大自然，走向多姿多彩的世界。

家长朋友们，本期的“红烛夜话”就要结束了，感谢大家的聆听。今天是腊月二十三，小年啦。我和米老师祝大家小年快乐，开心幸福。谢谢！

家长 1：与孩子一起在内蒙古学习了本期“红烛夜话”，孩子今天一天在旅途中的所见所闻正好与本期“夜话”的主题相契合。自驾的路上，孩子见到了雄伟的长城、冰雪覆盖的群山、浪漫绚丽的夕阳，了解到内蒙古如何将电力输送到了北京，学习了发电和输电的基本道理，明白了为什么架线的巍峨铁塔可以笔直地站在那里屹立不倒……7 个小时的自驾旅途收获满满。最后，祝孙老师、米老师及家长、同学们小年快乐，寒假快乐。

家长 2：感谢孙老师的“红烛夜话”，每次都有收获。行万里路，读万卷书，我们陪伴孩子成长在美好的时代，遇到了温暖可亲的老师们。祝愿孙老师、米老师、李老师，以及各位家长们、小朋友们新年快乐，身体健康，阖家幸福。

让孩子在快乐节日中感受传统文化教育

家长朋友们：

晚上好！

第十五期“红烛夜话”与您见面了。本期的主题是“让孩子在快乐节日中感受传统文化教育”。欢迎大家积极参与我和米老师的互动交流研讨。

家长朋友们，今天是腊月二十九，大家应该都休息了，年味儿已经非常浓了，家家户户也都在大扫除、置年货，热闹非凡。我们在群里看到有的孩子与父母踏上了回老家的路途；有的已经幸福地去旅行；有的开启了自己愉快的娱乐活动。大家都在享受节日的欢乐。记得我们小的时候也是这样，一过年就开始写春联、贴春联，买鞭炮、放鞭炮，炸年糕，做杀猪菜，看秧歌，走亲戚，穿上新衣服出门玩不饿不回家，我最爱做的就是和小伙伴们把各家各户的春联看一遍。春节带给我们无穷的乐趣、无限的遐想、难忘的记忆。家长们，我们放假通知的第二阶段就是让孩子们享受过年的气氛。在这个举国欢庆的日子，孩子们也无心再去学习，我们干脆就让孩子们尽情地去玩耍，尽情地享受精神与物质上的双重快乐。

家长朋友们，春节是我国的传统节日，更是万家团圆的日子，孝敬父母、尊重他人是我们这个节日重要的课题。节日当中我们免不了要聚餐聚会，免不了要走亲访友，免不了乘坐交通工具，免不了走进商超、走进剧场，而这个时候不仅是彰显我们良好家风、优良家教的好时机，更是我们家长指导孩子接受传统教育的好时机。聚餐时，学会安静等待；聚会时，主动问好、主动打招呼；见到长者礼貌相迎，遇见邻居及社区工作人员道一句“阿姨好，新年快乐”，温暖人心，爱满人间；陪爷爷奶奶、姥姥姥爷说说话，陪他们到楼下、公园散散步，帮助他们做一些力所能及的事情，让他们感受到天伦之乐。这些都是我们优良的传统文化，都是孩子们应该懂得、应该继承下来的。

家长朋友们，在这个团圆的日子里，我们更应该让孩子们体会到家务劳动的快乐。让孩子做家务，这也是一种传统教育。热爱劳动是中华民族的优良传统。节日当中我们家长们忙于推杯换盏、高谈阔论，一天下来非常累，还要去收拾整理家务。这个时候我们不要忽视身边的小助手，这个年龄段的孩子们最爱表现自己，也最识夸，我们不妨多鼓励孩子们，多夸一夸孩子们，引导他们帮助我们做一些力所能及的家务，扫扫地、墩墩地，擦擦餐桌、洗洗餐具等。孩子们接受劳动教育，培养劳动能力，可以缓解一下家长们疲劳的身心，同时，我们也可以体会到孩子成长的欣喜与快乐。

家长朋友们，其实孩子们喜欢每一个节日，节日里他们可以放飞自我，可以不用再拘束在学习的各种要求和任务中，可以与爸爸妈妈享受亲子的快乐时光，可以走进大自然，做自己想做的事情。这就是快乐，这就是孩子们崇尚节日、珍惜节日的原因。家长们，让我们好好陪伴孩子，享受家庭的温馨，让成人间的事情尽量不影响孩子，让日常生活中的点滴言语和行为默默改变孩子。我们要给孩子们留下美好的记忆，帮助他们凝聚难忘的瞬间。

家长朋友们，快乐的节日，一定会是孩子们最盼望的，也是最得他们心的，这或许会成为孩子们学习上进的精神动力。用他们最快乐的事情作为激励他们前进的动力，促使他们好好学习、天天向上。这也是我和米老师的个人建议。

家长朋友们，春节已经开始了，快乐七天就在眼前。在春节结束之际，我们不妨认真留心观察一下孩子们的表现，适时地和他们进行一次对话，作为春节这段时间的小思考。这次对话或许可以促进孩子们的成长，或许会成为孩子们的写作素材。

家长朋友们，本期的“红烛夜话”就要结束了，感谢大家的聆听！今天是腊月二十九，明天就是除夕了。我和米老师祝大家除夕快乐，新年快乐，万事如意，兔年大吉。谢谢！

家长 1：感谢孙老师和米老师的分享。每一期“红烛夜话”都及时给我们带来指引。春节假期让孩子尽情欢乐，享受节日的快乐，同时感受传统文化的教育，寓教于乐，寓学于趣。在此也祝孙老师、米老师、李老师和群里的大朋友小朋友们，新春快乐，身体健康，阖家欢乐，兔年大吉。

家长 2：感谢孙老师、米老师的分享。“红烛夜话”像是一位每周准时见面的老朋友，畅谈教育理念，分享教育心得，分担教育焦虑，每周都非常期待它带来的指引和正能量。新春佳节是中国人民最重视的传统节日，值此佳节之际，孩子们参与家务劳动，走亲访友，拜年聚会，出游旅行，可以尽情享受节日的欢乐，感受中华民族的传统文化，寓教于乐，乐中学，乐中成长。在此祝孙老师、米老师、李老师和家长们小朋友们新春快乐，阖家幸福。

引导孩子做好开学前的准备工作

家长朋友们：

晚上好！

第十六期“红烛夜话”与您见面了。本期的主题是“引导孩子做好开学前的准备”。欢迎大家积极参与我与米老师的互动交流。

家长朋友们，今天是正月十六，立春和元宵节都已经悄然走过，兔年已然到来。各行各业陆续开工，中小学生即将返校上课，我们和大家的心情一样万分激动：终于可以去学校啦！兴奋之余，还想与家长们交流一下新学期的准备工作。好的开始是成功的一半，扣好新学期的第一粒扣子，积极引导孩子做好开学前的准备工作，意义重大。让孩子在“好的开始”中规范自己的行为，增强自己的责任意识，树立自己的学期目标。

好的开始要有一个规范的作息时间和强健的体魄。经历了一个假期，孩子们已经形成了自己的生物钟，他们可以自由轻松地去安排，无拘无束地去做自己的事情。有的早晨起得很晚，有的晚上睡得很晚，有的中午要进行午休等，这些与学校的作息时间是矛盾的，孩子们需要及时调整，而调整需要一段时间。为此，希望家长们及早督促孩子调整作息时间，保持充沛旺盛的精力去上学。经历了一个假期，孩子们的身体状况也会发生变化，由于缺乏运动和不规律饮食等，有的同学变胖了，有的同学变得虚弱，这些也需要及时调整和适应，否则学生会发生活动时虚脱、肠胃不适、呕吐等现象。我们可以引导孩子适当地进行体能锻炼，如跳绳、开合跳等，还要注意孩子要饮食清淡，多吃水果和蔬菜，使孩子返校时具有强健的体魄。另外，新冠疫情还是不能大意的，昨天我们进行了健康情况的统计，布置了开学前一周的填报体温工作，也对假期的旅游出行情况进行了统计，这些都是我们积极防范疫情的基本工作。我们家长们也要及时对孩子进行引导和教育，除了常规的卫生习惯一定要坚持，如勤洗手、勤通风，必要的口罩和消毒也是要坚持的。以上这些内容都是从孩子的身体卫生健康方面与大家进行的交流。如果说得不到位，一会儿家长们可以在群里进行交流补充。

家长朋友们，好的开始要有一个好的心态。很多孩子在假期里面就是一个玩的心态，自由、轻松、无忧无虑，而现在我们即将回到学校，就要及时调整为学习的心态，要规范自己的言行，增强自己的责任意识，做好新学期的打算。先说一下责任意识，家长们要督促孩子们看一看假期通知，开学要提交的任务清单有哪些，引导孩子们对照清单，一个一个地去打勾完成，同时检查一下是不是认真有质量完成的。这样一件件小小的事情其实就培养了孩子做事情认真负责的优良品质。再说言行，要引导孩子们学会谨言慎行，保持文明的礼仪常规，及时纠正孩子的生活用语。最后，还要与孩子们及时进行交流，说一说新学期的打算，确定自己的小目标，更可以制定小目标后的评价奖励机制，让孩子快乐地走进学校，为目标而奋斗。

好的开始需要充分的物质准备。家长们，开学在即，我们要提醒孩子准备学习文具，查看校服是否干净整洁，检查书包是否需要更新，检查餐具是否消毒，2 班同学的志愿服务岗位服装“陶然蓝”是否洗干净等。这些物质的准备我们家长们一定要进行提醒，必要的话帮助一下，毕竟孩子们刚刚上三年级，有些事情还是不能马上就能做好的。

家长朋友们，以上是我和米老师从学生的身体、精神状况、需要的物质准备几个方面进行的分析，欢迎大家畅所欲言，及时地进行补充和交流。本期的“红烛夜话”到此结束。感谢大家的聆听。祝大家生活愉快，工作顺利。谢谢！

家长 1：感谢孙老师和米老师的提示。假期马上就要结束了，新的学期即将到来，因为疫情的影响，孩子们已经好久没有校园生活了，孩子们也都十分期待和老师同学们见面。相信新的学期孩子们会以更加积极的态度去面对新的学习生活。作为家长我们也会配合老师们的工作，做好家庭辅导与监督。家校共同努力，让孩子们窗外有风景，手里有课本，眼里有梦想，心中有未来。

家长 2：感谢孙老师和米老师及时提醒大家为孩子们返校做全面准备。我们将陪伴孩子调整作息、锻炼身体、整理作业、温故知新，收心迎接新学期，树立成长小目标。相信新学期新气象，孩子们定会以饱满的热情，积极的态度、满格的正能量，继续扬帆起航。

第三章

红烛照亮课堂

银烛秋光冷画屏，轻罗小扇扑流萤。

——［唐］杜牧《秋夕》

课堂教学中，我严格要求自己，积极以学生为主，以学生的发展为主。尊重学生，尊重学生的思考权，尊重学生的发言权，尊重学生的探究精神，尊重学生的思维成果。努力做到放手让学生去思考，让学生去探索。三尺讲台不再是我独有的天地，还成为同学们的辩论会；多名学生成了我数学课堂的代言人，他们站在讲台上讲述自己的见解，发表自己的观点。我积极面向全体学生进行课堂提问，关注学困生，注意激发学生学数学的兴趣，讲练结合，认真研究并布置好家庭作业，积极减轻学生的负担。多少个美丽的夜晚，多少次明亮的烛光下，我不停地研究、琢磨每一节课。我不断地观察每一个小孩，轻轻地拿起“小扇”，叩击每个孩子的心灵。本章收录了我自己日常的一些教学设计，以及与团队共同研究的教学设计和说课教案。

简单的行程问题

陶然亭小学课时备课教案			
学科：数学		课题：简单的行程问题	课型：新授
授课日期：		授课班级：四（2）	授课教师：孙自明
教学目标	知识与技能： 理解速度的意义和简便表示方法。 过程与方法： 能发现速度、时间、路程三者的关系，并利用这个数学模型解决问题。 情感态度与价值观： 理解科技飞速发展，体会祖国交通的巨大变化、人们生活环境和出行工具的不同，认识新时代祖国发展的新面貌。		
重点	1.速度概念、速度简便表示法。 2.速度、时间、路程三者的关系。		
难点	速度的意义和简便写法		
资源准备：幻灯片			
教学过程			
教学环节	教师活动	学生活动	环节意图
一、情景引入	同学们，刚刚过去的十一黄金周中，很多同学都走出了家门，去了自己喜欢的地方。出行过程中，大家在享受美好生活的同时，也发现了许多的数学信息。今天，我们就根据这些信息来研究数学上的行程问题（板书）。	观看投影，回味假期情景，欣赏祖国美丽的河山。	树立良好的价值观，激发爱国情感。揭示课题，将学生引入研究问题的情景。旅行的行程中会有数学问题出现。

续表

教学环节	教师活动	学生活动	环节意图
二、探究交流	（一）认识速度、路程、时间 1.学习单上有很多的数学信息，大家读一读。	阅读学习单信息。	培养阅读数学信息的能力，为探究做铺垫。
	2.给学习单上的信息分类，填写在记录单上。	阅读后，把信息进行分类，填写记录单。	初步感知速度、时间、路程三者之间的关系。
	3.谁愿意分享给大家？	展示成果。	共享交流，培养探究能力。
	4.结合我们的生活实际给它们起个名字。	再次对信息进行审阅，尝试揭示概念。	总结概念，交流提高，尝试自己去认识概念。
	5.大家打开数学书第53页，看一看书中是怎么说的。	自学教科书内容，认识速度、时间、路程的关系。	培养阅读数学教材的能力。
	（二）理解速度 1.大家看，哪个数量不好理解？	速度、时间、路程哪个最不好理解？	
	2.看我们的记录单，把描写速度的数据读一读。	阅读学习单，读关于速度的语句，进一步理解速度。	揭示学习难点。
	3.速度还可以如何表示？ 4.小结。	根据学习单的内容，提出数学问题。	感悟速度的特征，认识速度的内涵。
三、课堂练习	（三）探究速度、时间、路程的关系 1.大家再来看我们的学习单，能提出一个数学问题吗？再看看谁能解决？	通过画一画、摆一摆，探究如何计算路程。 根据学习单的信息，尝试提出问题，并进行研究和解决问题，在研究过程中，进一步探究速度、时间、路程的关系。	
	2.谁来把你的研究成果分享给大家。	反思与回味速度、时间、路程的关系。 读不同的速度。 根据速度、时间、路程的关系解决问题。	渗透速度、时间、路程的微妙关系。 交流路程的计算方法。

续表

<table>
<tr><th>教学环节</th><th>教师活动</th><th>学生活动</th><th>环节意图</th></tr>
<tr><td>四、总结评价</td><td>3. 你还能提出相关的数学问题吗？大家试一试。
4. 谁来分享你的数学问题？
5. 小结。
（1）先读出这些速度，再写出速度的简便写法。
（2）口答课本第 53 页第 2 题。
（3）列式计算课本第 55 页第 9 题。
（4）请大家看一看老师的数学日记。
通过刚才的练习，大家能够熟练地利用速度、时间、路程这三个要素解决简单的行程问题。以后，我们还会遇到稍微复杂的行程问题，今天我们就先研究到这儿。这节课你有什么收获？你觉得这节课你表现得怎么样？</td><td>阅读老师的数学日记，并解决问题，体会中国铁路列车的速度。
回忆、反思本节课研究内容。</td><td>交流速度、时间、路程的关系。
揭示速度、时间、路程的关系。
巩固知识点：速度的含义。
巩固知识点：速度、时间、路程的关系。
进行生活应用，让学生体会中国速度，感悟祖国的飞速发展。
培养总结能力，梳理反思。</td></tr>
<tr><td>板书设计</td><td colspan="3">简单行程问题
速度 × 时间＝路程
<table><tr><td></td><td></td><td></td></tr><tr><td></td><td></td><td></td></tr><tr><td></td><td></td><td></td></tr><tr><td></td><td></td><td></td></tr></table>中国速度
______
______
______</td></tr>
</table>

续表

课后反思	一、巧妙的设计是教学成功的关键因素 数学教学要尽可能构筑在现实生活中。数学与人和现实生活之间有着紧密的联系，数学教学的内容在生活中都能找到原型。因此，用现实生活情境引入学习内容对学生而言就显得既熟悉又自然，并且也充满情趣。 二、足够的空间是学生发展的必要保证 《数学课程标准》明确指出，要创造一个有利于学生生动活泼、主动发展的教育环境，提供给学生充分发展的时间和空间。课堂教学为学生提供了足够的交流、探索空间，让学生主动地发现、探索、创造并充分享受学习的乐趣。足够的交流、探索空间，不仅使学生充分展示自我的心理需求得到了满足，通过交流，见解得以“碰撞”和“启迪”，让学生构建起对问题的更新、更深层次的理解，最终实现知识在交流中增值、思维在探究中升华、情感在合作中融通的目的（交流和阅读日记，整理和交流学习记录单）。 三、现实的生活是数学的生动再现 《数学课程标准》强调，数学要应用于现实生活，使学生体会到数学就在身边，进一步感受数学与现实生活的密切联系，能主动尝试从数学的角度运用所学知识和方法来解决问题的策略。“行程应用题”源于现实生活，在现实生活中又有着广泛的应用，所以在数学课堂中除安排解决问题（如“他会超速吗”“他能按时到达吗”）外，还安排学生体验不同时期中国铁路列车的速度，使学生充分感受到数学中的生活，也认识到生活中的数学，更加认识到中国速度，认识到祖国的发展变化。培养了学生综合应用有关数学知识解决问题的能力。从生活中来，再应用到生活中去，充分体现了“小课堂，大社会”的教育观。 四、恰当的课件是教学的点睛之笔 夸美纽斯说过：“数学艺术的闪光点就是注意。”多媒体教学正是抓住了学生的注意和兴趣而进行的有效教学活动。恰当地使用多媒体，既保护了学生的眼睛，也突出了重点（设计了13张幻灯片，大多数时间是利用材料来教学）。把学生不易把握的内容，通过多媒体课件进行直观、生动、形象、有趣地展示，能使学生在快乐中简单明了地分辨知识点之间的不同，轻松地帮助他们渡过难关、突破重点，对帮助学生掌握、巩固本节内容，培养学生的归纳概括能力、想象能力、感悟能力起到重要的作用。 五、教学技能与精彩要始终如一 本节课的不足之处是，学生对于数学日记的阅读和处理不是很熟练，操作起来有点慢，使得课堂节奏有点赶。以后，要根据教学内容更多设计这种形式，使学生习惯于自我探究、自我发现知识。

小数的意义

<table>
<tr><th colspan="4">陶然亭小学课时备课教案</th></tr>
<tr><td colspan="2">学科：数学</td><td>课题：小数的意义</td><td>课型：新授</td></tr>
<tr><td colspan="2">授课日期：</td><td>授课班级：四（2）</td><td>授课教师：孙自明</td></tr>
<tr><td>课题</td><td colspan="3">小数的意义</td></tr>
<tr><td colspan="4">教学目的
知识目标：结合具体的情景认识小数，知道以元为单位、以米为单位的小数的实际含义，感悟和理解小数的意义——分母是 10、100 的分数可以用小数表示。
能力目标：通过动手操作、观察思考、比较分析、综合概括，探究小数与分数、整数的内在联系，让学生学会讨论交流、与人合作，扩展学生思维，培养学生的分析与推理能力。
情感目标：使学生进一步体会数学与生活的联系，了解小数的产生和发展的过程，亲近数学，喜欢数学，产生探究数学的兴趣。</td></tr>
<tr><td colspan="4">教学重点：理解小数的意义。
教学难点：建立分数和小数之间的关系。</td></tr>
<tr><td colspan="4">教具准备：课件</td></tr>
<tr><td colspan="4">学具准备：正方形</td></tr>
<tr><th colspan="4">教学过程</th></tr>
<tr><td colspan="2">教师活动</td><td>学生活动</td><td>环节意图</td></tr>
<tr><td colspan="2">一、情景导入
1. 昨天，我给大家布置了收集生活中的小数的任务。谁能给大家说说收集的情况？
2. 大家从生活的各方面找到了小数，看来小数的用途真的很广。看，这是老师收集的资料（出示资料）。</td><td>1. 学生汇报收集的资料。
2. 学生阅读资料，解读信息，并向大家做介绍。
3. 预设情景。</td><td>让学生在交流中体验数学与生活的联系，感受生活中处处有数学。</td></tr>
</table>

续表

教师活动	学生活动	环节意图
①“中国飞人”刘翔在第28届奥运会田径男子110米栏决赛中以12.91秒的成绩获得金牌，美国选手特拉梅尔以13.19秒的成绩获得银牌。 ②我们班同学的平均身高是1.42米。 ③一根塑料直尺的价格是0.7元。 ④世界上最小的鸟是蜂鸟，重约2克，它的蛋重约0.21克。 3. 从这些信息中的小数，你了解到了什么？挑选一条你最感兴趣的信息和大家交流。	学生1：我知道刘翔跑得很快，成绩不到13秒，美国选手的成绩是13秒多。 学生2：我了解到我们全班同学的身高都在1.42米左右。 学生3：一根塑料直尺的价格不到1元，是7角。 学生4：蜂鸟真是太小了，体重才有两枚2分硬币那么重。它的蛋就更小了，才重约0.21克，比1克少得多呢。	让学生通过用个性化的理解方式表达对小数的理解，有助于教师了解学生的学习起点。
4. 小结：这些信息中都用到了小数，当我们通过精确计算或测量得不到整数结果时，就会用到小数。那小数究竟表示什么意思呢？今天我们就来研究一下。（板书：小数的意义。）	4. 让学生了解学习目的和学习内容。	揭示课题。
二、探究新知 （一）初步认识小数和分数的关系 1. 我们先来解决一个小问题。老师这里有1元钱，谁能在这里拿出0.7元钱？ 老师演示将1元钱兑换成10个1角，再拿出7角的过程。	1. 学生：只要把1元钱兑换成10个1角，拿出的7角就是0.7元。	
2. 你能说一说刚才我们是怎么拿的吗？	2. 刚才拿的过程就是把1元平均分成了10份，每份就是1角。1角就是1元的$\frac{1}{10}$，7角就是1元的$\frac{7}{10}$，写成分数就是$\frac{7}{10}$元。	强化分数在小数之间的桥梁作用。掌握“小数”与“分数”之间的内在联系。

续表

教师活动	学生活动	环节意图
3. 如果用这个正方形表示1元，0.7元该怎样准确表示呢？（出示正方形。） 展示学生作品。 板书：7角＝$\frac{7}{10}$元＝0.7元	3. 学生独立涂一涂，填一填。 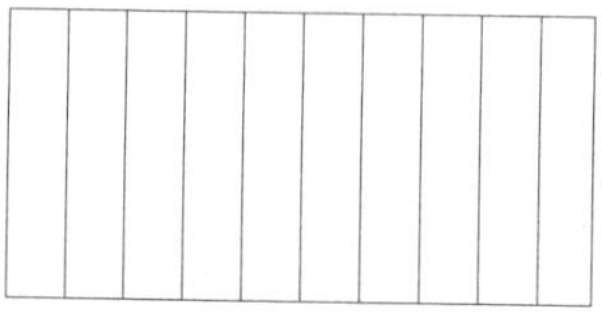 分数：（—） 小数：（　）	数形结合的方式，使学生发现几角就是十分之几元。初步感受以元为单位中分数与小数的关系。
4. 那0.1元表示多少钱？用分数怎么表示？4角呢？0.6元呢？ 老师巡视。 板书： 1角＝$\frac{1}{10}$元＝0.1元 4角＝ ＝0.6元	4. 学生小组讨论并汇报： 学生1：0.1元表示1角钱，用分数表示就是$\frac{1}{10}$元，所以 1角＝$\frac{1}{10}$元＝0.1元。 学生2：4角表示0.4元，用分数表示就是$\frac{4}{10}$元。 学生3：0.6元就是$\frac{6}{10}$元。	
5. 0.01元表示多少钱？用分数又该怎么表示呢？0.05元呢？4分钱呢？老师巡视。 板书： 1分＝$\frac{1}{100}$元＝0.01元 ＝0.05元 4分＝	5. 学生1：0.01元表示1分钱，用分数表示就是$\frac{1}{100}$元，所以 1分＝$\frac{1}{100}$元＝0.01元 学生2：0.05元表示……	结合具体情景，使学生发现几分就是百分之几元。再次感受以元为单位中分数与小数的关系。
6. 观察你们的研究成果，有什么想说的吗？	6. 学生积极汇报。 学生1：我发现一位小数用来表示几角，用分数表示是十分之几元。 学生2：两位小数用来表示几分，用分数表示是百分之几，用小数表示是零点零几元。 学生3：分数和小数有密切的关系。	通过汇报交流，使学生初步感悟十分之几可以用一位小数表示，百分之几可以用两位小数表示。初步让学生明白小数的意义。

续表

教师活动	学生活动	环节意图
（二）理解小数的意义和小数的计数单位 1.下面请你们接着来研究吧。	1.学生打开书第 53 页。	
2.出示：把 1 米平均分成 10 份。 要求：根据图所示，先在小组内交流观察，并得出自己的想法，再填空。 1 分米　　3 分米 分数（—）米　分数（—）米 小数（　）米　小数（　）米 7 分米　　1 厘米 分数（—）米　分数（—）米 小数（　）米　小数（　）米 5 厘米　　6 厘米 分数（—）米　分数（—）米 小数（　）米　小数（　）米	2.学生先在小组内交流自己的想法，再独立填空。	让学生把刚获得的知识与已有的经验结合起来，主动去研究以米为单位的长度单位中分数与小数的关系。
3.谁愿意跟大家汇报一下你的成果？ 老师评价。	3.汇报： 学生 1：1 分米是把 1 米平均分成 10 份，这样的 1 份可以用$\frac{1}{10}$米表示。因为$\frac{1}{10}$元＝0.1 元，所以$\frac{1}{10}$米＝0.1 米。 学生 2、学生 3：…… 学生 4：1 厘米是把 1 米平均分成 100 份，这样的 1 份可以用$\frac{1}{100}$米表示。因为$\frac{1}{100}$元＝0.01 元，所以$\frac{1}{100}$米＝0.01 米。 学生 5、学生 6：……	通过汇报交流，学生充分理解十分之几可以用一位小数表示，百分之几可以用两位小数表示……再联想到四位小数、五位小数的表示的意义，再次抽象小数的意义。同时，使学生获得学习方法。
4.能把你们的发现概括一下吗？ 老师评价。	4.学生明确：分母是 10、100 的分数可以用小数表示。 （多名同学说。）	

续表

教师活动	学生活动	环节意图
5. 你还能举出三位小数的例子吗？能用分数表示吗？ 小结：看来三位小数与千分之几有关。 6. 你能推想四位小数是怎么来的吗？五位小数呢？ 7. 能把你们的发现更全面地概括吗？ 这就是小数的意义。 8. 具体地说，一位小数表示什么？ 小结：所以小数的计数单位就是十分之一、百分之一、千分之一……分别写作 0.1、0.01、0.001……	5. 学生举例：写出三位小数，并用分数表示。 6. 学生：如果把 1 平均分成 10000 份，我估计会得到四位小数，继续分肯定还能得到五位小数。 7. 分母是 10、100、1000……的分数可以用小数表示。 （多名同学说） 8. 一位小数表示十分之几，两位小数表示百分之几，三位小数表示千分之几……	
9. 练习 ① 0.3 的计数单位是（　），表示（　）个 0.1。 ② 7 个 0.01 是（　）。 ③ 10 个 0.001 是（　），10 个 0.01 是 0（　）。	9. 学生进行口答练习。	通过练习强化学生对小数意义和计数单位的理解。
10. 你又有什么新的发现？具体说一说。 演示：结合线段图表示 10 个 0.001 是 0.01。 小结：通过刚才的学习，我们了解了小数的意义、小数的计数单位和每相邻两个计数单位之间的进率。	10. 学生 1：10 个 0.001 是 0.01，10 个 0.01 是 0.1。 学生 2：每相邻两个计数单位之间的进率是 10。	让学生掌握小数的每相邻两个计数单位之间的进率是 10。

续表

教师活动	学生活动	环节意图
三、应用练习 1. 在每个图的右面先写出分数，再写出小数。 做一做 在每个图的右面先写出分数，再写出小数。  $\frac{(2)}{10}$ (0.2) 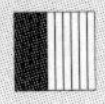 $\frac{(4)}{10}$ (0.4)  $\frac{(7)}{10}$ (0.7)	1. 学生听题，把分数写成相应的小数。	
2. 在括号内填上合适的分数或小数。 把下面的数改写成小数。 4 分米＝（0.4）米 7 角＝（0.7）元 1 米 5 分米＝（1.5）米 2 元 8 角＝（2.8）元	2. 学生独立思考后口答。	学生通过练习进一步理解小数的意义，使学生经历知识的内化过程。
3. 标出 A(1.3)、B(0.15) 两点。 在□里填上适当的小数。 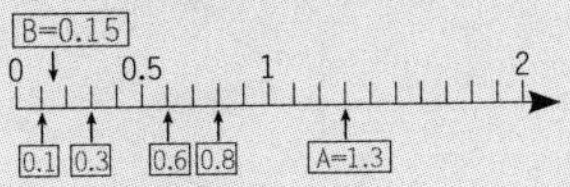 A ＝ 1.3 B ＝ 0.15	3. 学生先思考，说出 1.3 的位置。 讨论：0.15 的位置。	
4. 介绍资料：同学们想知道中外古代的小数是怎样的吗？ （1）先看看我国古代的小数，猜猜它表示多少？ 出示 3.25。 （2）再来看看古代外国的小数是怎样写的？ 3 ⊙ 2 ① 5 ② 资料 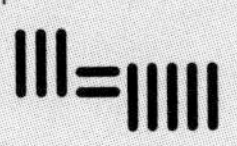 3.25 3 ⊙ 2 ① 5 ② 小结：数学是不断发展的，小数的记法，通过中外的数学家不断改进，最终形成了现在这种最简捷的写法。	4. 让学生了解古代的小数。 学生 1：是 3.5。 学生 2：是 3.25。 学生 3：是 3.05。 …… 学生可能会很诧异。	学生在内化意义的同时认识小数的大小。 注重体现数学的文化价值，丰富学生对数学发展的整体认识，激发学生对数学的热爱。

续表

<table>
<tr><th colspan="2">教师活动</th><th>学生活动</th><th>环节意图</th></tr>
<tr><td colspan="2">四、课堂总结
1. 这节课，你对自己最满意的是什么？
2. 布置作业</td><td>1. 学生自由谈收获，交流学习感受，也可以提出问题。
2. 独立完成练习。</td><td>让学生在互通有无、自我评价中进行自我教育。</td></tr>
<tr><td>板书设计</td><td colspan="3">小数的意义

意义：分母是 10、100、1000……的分数可以用小数表示。
计数单位：十分之一、百分之一、千分之一……
0.1　0.01　0.001
进率：　10　10
1 角 $=\frac{1}{10}$元 $=0.1$ 元　1 分 $=\frac{1}{100}$元 $=0.01$ 元　$=0.001$ 元
7 角 $=\frac{7}{10}$元 $=0.7$ 元　$=0.05$ 元　……
4 角 $=$　4 分 $=$
$=0.6$ 元</td></tr>
<tr><td>教后反思</td><td colspan="3">经常在学习、反思的人，教学的感觉是不一样的。今天成功了，是怎么做的？今天产生的一个矛盾，是怎么解决的？今天遇到一个挫折，又是什么原因？……认认真真地去记录这些、思考这些，教学的灵感就容易上来。执教本教学设计后，我认真从几个方面进行了如下反思：

一、把生活情境中的数学抽象为纯数学
没有数学化就没有数学，对数学的教与学，也就围绕着数学化来展开。根据这一理论，我比较成功地组织了教学，让学生感受数学化的过程。结合一些实际生活资料，如物价、身高等内容，让学生感受小数的产生，同时体验数学与生活的联系，感受生活中处处有数学。
让学生感受到数学在日常生活中的作用，体验到学习数学的乐趣。</td></tr>
</table>

续表

教后反思	二、在数学化的过程中有效迁移 　　我们说，教是为了不教。要达到不教的目的，就得让学生在获得知识的同时掌握学习方法。今天我给学生提供了充分的动手操作、观察思考的空间与交流的机会。通过独立在方格图中涂色以及小组合作交流，学生初步得出一位小数、两位小数和十进分数的关系。 　　在让学生学习几个特殊的小数后就由学生通过推想来举例，并通过课件来验证，又通过联想来认识四位小数、五位小数表示的意义，最后抽象概括出小数的意义。孩子们在探索与合作交流中经历了知识的形成过程，在“直观感知——推想——例证——概括”中学习，学得主动，掌握了知识，获得了联想、列举、推理、概括的学习方法。 三、在数学化的同时获取数学思想 　　数学思想是数学知识的“灵魂”，它隐形于知识的形成过程之中，是对数学知识与数学方法的高度概括和总结。学生在掌握数学概念、原理的过程中建立数学思想，反过来，数学思想又帮助了学生理解与解决数学问题。所以，我想要帮助孩子们真正掌握小数的意义，不管是由实物操作上升到模型化，还是由模型化的知识回到现实中，都要有一个适合小学生探究学习的数学情境，在这情境中探究学习，获取知识的同时获取了数学思想。因此在认识小数意义的阶段，我进一步丰富学生对小数意义的感知，教学时以“米尺”为情境，让学生独立思考后填、找、说，这样的直观形象便于学生理解分数转换为小数、等值替换的数学思想。这为今后学习用“等量关系”思想来解决实际问题奠定了基础。 四、讲究练习异步提高的同时，体现数学文化的价值 　　在以“促进学生主动发展”为理念的课堂教学中，学生学习的主动性和创造性应该自始至终得以保障，课堂练习阶段也不例外。从面向全体学生出发，我初案中的两个层次改为四个层次，让不同的孩子在不同的程度上有不同的收获。尤其是在练习的最后阶段，适时地补充古今中外小数的记录方法，丰富学生对数学发展的整体认识，体现数学的文化价值，使学生练习的过程成为猜想和拓展的过程，并强烈地感受到数学学科本身的魅力所在。孩子们表现出的学习热情，让我更深刻地认识到数学文化的魅力。

续表

教后反思	五、尊重每一位学生的学习成果，营造平等、民主、愉悦的学习氛围 今天，小辰在思考如何从1元中拿出0.7元时，提出了四种见解：可以兑换成1角、2角和5角，可以都兑换成1角，可以都兑换成1角和2角，也可以都兑换成2角的。我的预设只有一种情况——可以兑换成10个1角的。我马上就抓住我需要的预设结果：0.7元其实就是把1元平均分成10份，拿出其中的7份，自然地把7/10与0.7之间建立了联系。孩子当时没有表情地坐下了。下课想起来，那是一种失望。我很遗憾没有给予他及时、真诚的鼓励。对于孩子们来讲，我没有发挥评价的激励作用，虽然课下找了他，但自己还是觉得很失败。 认真思考后，我更加认识到教师与学生、学生与学生在各方面都存在着差异，要达成真正的对话，在思想上形成真正的相互回应和碰撞，就必须以尊重为准则——对学生的创见要充分鼓励，对学生的异见要尊重理解，对学生的误见要宽容引导。这样才能使学生主动对话、质疑问难，师生达成共识。这一点我觉得自己做得不是十分到位，评价的针对性、及时性需要加强。激励性的评价会让每位学生充分挖掘自身的内在潜能，把学习过程中积累的学习成果全部释放了出来。因为在这中间，教师提供的评价指标成了学生与老师积极互动的催化剂。让更多的学生大胆释放自己的学习能力和已有经验，谈谈对小数的理解、对小数的认识，将个人的学习成果分享给大家。这样，既能让学生切身感受到数学的魅力，又能让不同的学生获得不同的成功。

百分数的意义

基本信息			
学校	陶然亭小学	教师姓名	孙自明
课题	百分数的意义	年级	六年级
课型	新授	具体内容	人教版六年级上册第 82、83 页
学段	第二学段	相关领域	数与代数

指导思想与理论依据

指导思想：

让学生在解决实际问题的数学活动中体验百分数的形成过程，理解百分数的意义；让学生在理解百分数意义的同时体会百分数在统计分析中的应用价值。

理论依据：

数学教学过程是学生在教师组织下开展数学学习活动的过程，学生是数学活动的主体。为此，我在本课引入和新课环节为学生设计了“比较哪种酒的酒精含量高”这一活动，让学生在活动中体验百分数的形成过程，为理解百分数的意义奠定基础。学生的数学学习应当是现实的、有意义的、富有挑战性的，百分数在生活中有着广泛的应用，为此我联系实际设计理解百分数意义的练习，让学生在理解百分数意义的同时体会百分数在统计分析中的应用价值。

教学背景分析

1. 教学内容分析：

“百分数的意义和读写法”是数学人教课标版六年级上册第五单元的教学内容。“百分数的意义和读写法”是在学生学过整数、小数特别是分数的意义和应用的基础上进行教学的。它是以后学习百分数应用题的基础。百分数意义是分数意义的延伸，学习百分数的意义有助于学生更好地理解生活中的利率、利润、折扣等实际问题。教材首先说明生活中经常要用到百分数，初步使学生知道百分数的重要性，然后联系学生的生活实际引出百分数的意义，最后说明百分数的读法和写法。

对于百分数，学生在生活中已有一定的经验积累。如何激活学生的相关经验，让学生完成百分数意义的自我建构，是本课教学的关键。

续表

2. 学生情况分析： 百分数对于学生来说，在日常生活中多少已有过接触，比如：出勤率、投篮命中率、酒精浓度、含糖量等等。同时学生在学习本节课内容之前，已经对分数的意义有了一定的理解，在教学中及时引导学生理解百分数与分数的联系与区别，会较好地帮助学生理解百分数的意义。 3. 教学方法与教学手段说明： 《数学课程标准》强调从学生的生活经验和已有的知识背景出发，为学生提供充分进行数学活动和交流的机会，促使他们在自主探索的过程中真正理解和掌握基本的数学知识、数学思想和方法，同时获得广泛的数学活动经验。本节课我在教学中主要使用以下教学方法： （1）选择与学生生活背景有关的情境导入新课，为学生发现数学问题、探索数学问题提供丰富、生动、有趣的资源。新课开始，联系学生生活的具体实例引出百分数，再让学生试着找出日常生活中见到的百分数，使学生感受到数学与日常生活的密切联系，感悟到数学来源于生活、生活中处处有数学，并在以上的教学过程中，顺势引导出百分数的读法，从而让学生建立对百分数的初步感知。 （2）自主探究、合作讨论、引导学生积极思考，体现学生的主体作用。这节课主要通过图片中的几条信息让学生探索、发现规律，理解这几个具体百分数的含义，进而概括百分数的意义，然后通过一组题，让学生讨论分数与百分数的区别和联系，进一步深化百分数的意义。接着问学生怎样把上题中能改写成百分数的两个分数表示成百分数的形式，引出百分数的写法，让学生试写，并提出写百分数时注意的事项。学习了百分数这些相关的知识，再通过讨论和比较，引出百分数在生活中被广泛应用的原因是便于比较，从而说明运用百分数的优点。这样教学循序渐进，不仅使学生获得知识与技能，同时也能关注到学生的数学思考、情感态度与价值观。 4. 技术准备： 学生搜集生活中的百分数。 教师准备课件。
教学目标设计
1. 呈现生活情境，让学生认识百分数。通过自主、合作探究，充分理解百分数的意义。正确读、写百分数。明白百分数和分数在意义上有哪些不同。会用百分数解决简单的实际问题。 2. 通过收集、分析、处理信息，培养学生观察、比较和综合概括的能力。让学生逐步学会交流与合作，初步建立自我反思与创新意识。促进学生的个性发展。 3. 让学生体会数学源于生活、用于生活，激发学好数学的情感。 教学重点：理解百分数的意义，会正确地读写百分数。 教学难点：结合生活实际理解百分数的意义，并体会分数与百分数的联系与区别。

续表

教学流程
百分数的意义 感知 ──► 材料交流 建构 ──► 合作探究 应用 ──► 课内检测 拓展 ──► 经验感受

教学过程		
教师活动	学生活动	环节意图
一、谈话导入，激发兴趣 1.前几天，孙老师布置同学们在生活中找一个实际应用的百分数。找到了吗？ 2.谁来介绍一下，说一说，在哪儿找到的？ 3.听到同学们的介绍，你有什么感受？ 4.在生产和生活中，人们为什么经常用到百分数？ 5.出示： 泸州老窖的酒精度是52%。 洋河大曲的酒精度是38%。 王子啤酒的酒精度是3.1%。 老师：在这几种酒中纯酒精的含量比较高的是哪一个？为什么？ 小结：所以，百分数便于比较（写板书）。 今天我们就一起来研究百分数（出示课题）。	小组里交流一下。 学生：我是在报纸上找到的…… 学生：我是在网上找到的…… 学生：我是在衣服的标签上找到的…… 学生：我是在酒瓶上找到的…… 学生：我是在牛奶盒上找到的，100%纯牛奶。 学生：我是在药盒上找到的…… 学生：百分数在生活中应用很广泛。 学生：泸州老窖。因为百分数的分母都是100，只要比较三个百分数的分子就可以了。	从生活入手，把学生熟悉的生活资料引入课堂，使数学与生活有机结合，使学生从一开始就感受到百分数在生活中的重要性，激发学生的学习兴趣。 初步认识百分数。

续表

教师活动	学生活动	环节意图
二、引导探究，学习新知 1. 根据以前的学习经验，要认识一种数，应该从哪几个方面来认识（意义、读法、写法、用处）？ （1）你觉得哪个问题可以自己解决（读法、写法）？ （2）那就结合你们自己找到的百分数或孙老师给的百分数，自己试着读一读、写一写。以4人为一小组开始。 （3）百分数会读了吗？会写了吗？刚才我发现有的同学这样写百分数的，大家看看，你有什么建议？ （4）小结：百分数后面的百分号，我们要先写左上角的小圆圈，再写斜杠，最后写右下角的小圆圈。每人再写3个百分数。 （5）谁来读一读你写的百分数？ 师：百分数前面的数可以是整数，还可以是小数，还有没有特殊的？	学生：意义、读法、写法。 学生：读法、写法。 学生互助学习。 学生自写自读百分数。	通过学生自主读写百分数，既尊重了学生的认知基础，又让学生在评价过程中掌握了规范的书写。
2. 你们真是善于思考、会学习的孩子。看一看，只剩下百分数的意义了？是我说呢，还是你们继续研究？ （1）那就只研究1个，含棉量98%可能表示什么意思？4人小组继续讨论。 （2）有想法了吗？谁来说一说？ 小结：说得真好！同一个百分数，不同的同学从不同的角度去思考，有了不一样的说法。请同学们用一种表述方法说一说下面两个百分数表示的意思。同桌你一个，自己一个。	学生自读、理解信息。 选其中一个百分数说一说它表示什么意思。 小组交流，试说意义。 学生汇报。	通过解读百分数在实际生活中的含义，升华学生对百分数在生活中作用的再认识，同时渗透对学生的思想教育，拓宽学生学习数学的视野：学数学不仅仅是为知识而学，更重要的是感受数学知识在生活中的价值和作用。

续表

教师活动	学生活动	环节意图
（3）好了！谁来说？3个百分数都有了各自的含义，仔细观察，这3个百分数后面表示含义的部分，有没有共同的地方？ （4）嗯，一个东西占另一个东西的百分之几。那98%表示什么？84%表示什么？29%表示什么？ 哦，原来百分数都表示一个数占另一个数的百分之几，其实这就是百分数的意义。	（先思考后同桌讨论。） 多名学生汇报。	学生在交流中充分理解百分数的意义，为概括百分数的意义做好感知上的铺垫。
（5）百分数也叫百分率，还叫百分比。 3.学到现在，还有问题吗？孙老师有一个问题：百分数和我们之前学习的分数有什么相同和不同？以小组为单位帮孙老师研究一下。		注重知识间的联系，使学生在比较中认识和理解百分数和分数的内在联系和区别。
（1）汇报：谁来说一说，谁有不同发现？看看和你想的一样吗？大家读一读。 （2）现在还有问题吗？那孙老师考一考大家。	学生齐读。	进一步巩固对百分数的理解和体会。
三、课堂练习 1.练一练。 小结：分数都可以写成百分数吗？ 练一练（填充） 下面的正方形表示“1”，涂色部分先用分数表示，再用百分数表示。 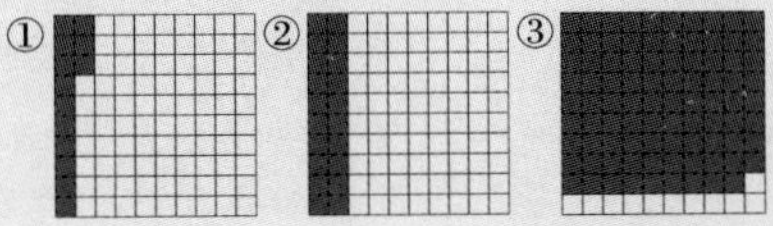 分数（$\frac{13}{100}$）分数（$\frac{1}{5}$）分数（$\frac{89}{100}$） 百分数（13%）百分数（20%）百分数（89%）	1.下面的正方形表示“1”，把各图中涂色部分用分数和百分数表示出来。	强调百分数与生活的联系，使学生体会到百分数乃至数学在生活中的广泛应用。

续表

教师活动	学生活动	环节意图
2.下面哪几个分数可以用百分数来表示？哪几个不能？说说为什么。 （1）一堆煤$\frac{97}{100}$吨，运走了$\frac{75}{100}$。 （2）$\frac{23}{100}$米相当于$\frac{46}{100}$米的$\frac{50}{100}$。 （3）一张桌面的宽是长的$\frac{39}{100}$。 一张桌面的宽是$\frac{39}{100}$米。	2.学生口答。	
小结：你有什么新认识？ 分数既可以表示一个数，也可以表示两个数的比。今天所学的百分数只表示两个数的比，所以它的后面不能写计量单位。我们要认真区别分数和分率各表示的意义。百分数是一种特殊的分数。	学生： 分数既可以表示两个数量之间的比的关系，也可以表示某个具体数量。 百分数只表示两个数量之间的比的关系，后面没有单位名称。	
3.判断题。 **判断题** （1）$\frac{1}{2}$=50% 吨。（×） （2）某工厂今年产值是去年产值的108%，说明今年产值比去年多。（√） （3）百分数与分数的意义完全相同。（×） （4）最大的百分数是100%（×）	学生判断并说明理由。 学生说一说思考过程。	
4.读以下数据，你联想到什么？ ①据统计，我国水土流失严重，水土流失面积为179.4平方千米，占国土面积的18.7%。水源污染明显加重，有42%的城市水源受到污染。 ②某镇中心小学六年级一班有学生80人，其中近视的同学占30%。 ③一次性筷子是日本人发明的，日本的森林覆盖率高达65%，但他们却不砍伐自己国土上的树木来做一次性筷子，全靠进口。我国的森林覆盖率不到14%，却是出口一次性筷子的大国。	学生读信息，谈自己的感想。	学生在选择中进一步理解百分数的实际意义。

续表

教师活动	学生活动	环节意图
小结：这些百分数带给我们精彩的故事，更是值得我们深思。 继续看，你会选百分数吗？ 选择合适的百分数填空 45%　98%　85%　55%　100% (1)这节课，同学们学得积极主动，老师希望真正理解百分数意义和读写法的同学占(100%) (2)小明的爸爸是著名的牙科医生，经他诊治的牙病治愈率达到了(98%) (3)一本书已看了全书的(45%)，还剩下全书的(55%)。 选择合适的百分数填空 97.3%　4%　150%　38%　2.7%　60%　45% (1)啤酒在西方是一种饮料，酒精含量约占(4%)。 (2)成年人的身体中，水分大约占总体重的(60%) (3)地球上的水资源，海水占了(97.3%)，淡水占了(2.7%)。	学生先讨论再发言。	
老师：数学中有百分数，生活中有百分数，我们语文学科中也有。 请将下列词语用百分数表示出来。 十拿九稳 90%　百里挑一 1%　十全十美 100% 事半功倍 200%　九死一生 10%　十有八九 80%~90%	学生根据成语猜百分数，积极交流。	体现学科之间的联系，激发学习积极性。
四、总结延伸 1.今天我们认识了百分数，大家有什么想说的？ 2.能用百分数评价一件事或者一个人吗？ 3.同学们的收获真不少，最后老师送大家一句名人名言，与大家共勉。 天才＝99%的汗水＋1%的灵感。	学生谈收获与感想。 学生齐读。	名言对学生是一种文化的教育，还适时对学生进行了很好的做人的导向教育。

续表

板书设计

百分数的意义 （倍比）

应用广泛	读法		
便于比较	写法	一个数	
	意义	另一个数	百分之几
	应用		

课后反思

百分数是一种特殊的分数，它与一般的分数既有一定的联系，又有一些区别。同时，百分数也是在生产、生活中广泛运用的数，为了切实达到本节课的教学目的，我在教学设计中重点体现以下几点。

1.运用生活素材，开发教学资源。

《数学课程标准》鼓励教师创造性地使用教材，开发新的教学资源，因此我在教学中联系生活实际，吸收并引进与现实生活密切相关的数学信息资料来处理教材、整理教材、重组教材内容。教学过程中安排了让学生在实际生活中收集百分数的活动，这不但可以加深他们对百分数意义的理解，也有利于培养学生的实践能力。注重教学内容与生活实际紧密联系，让学生体验数学的价值。

在教学“百分数的意义”之前，我了解到很多学生通过自学已经知道了百分数的读法和写法，而对百分数的意义较为模糊，所以我把重点放在了理解百分数的意义上。教学中，我抓住了酒是人们生活中比较常见的饮品。听到这几个酒的名字，学生一下来了兴趣，通过同桌互议、小组讨论，他们很快弄清楚了这几个百分数表示的意义。趁着学生学习兴致很高，我又出示了一组学习素材：鸽子肉的蛋白质和地球上的水资源。通过小组学习，找出一个数（即比较量）和另一个数（即标准量单位“1”）。教师组织，很快找出谁是比较量，谁是标准量，从而理解了前面几个百分数的意义。最后归纳出表示：一个数是另一个数的百分之几的数叫作百分数。

开发教学资源，不是摒弃教材中已有的教学资源，而是创造性地使用教材，将教材中枯燥、缺少生活气息的题材改编成学生现实生活中的内容，让学生对学习始终兴趣盎然。由此可见，运用生活素材，开发和重组课程资源能使学生感到生活中处处皆数学，从而激发学生学习数学的兴趣。

2.联系生活实际，培养应用意识。

生活是最好的老师，能对人产生最直接、最深远的影响。教师应从现实生活中选取素材，让他们真正感受到数学问题的存在，认识现实生活问题与数学问题的联系，从而学以致用，举一反三，真正掌握数学知识，学会解决生活中的实际问题。设计的练习题我都紧密联系生活，使学生将所学的知识运用到解决生活中的数学问题，把课堂上学到的知识延伸到实际生活中，使学生进一步体验生活中处处有数学，数学就在身边，感受到数学学习的重要性，体验数学的魅力。为了体现数学的趣味性，我还设计了一道练习题。练习题是将一些成语用百分数来表示：百里挑一、十拿九稳、十全十美、千虑一失、百发百中。

续表

课后反思
3. 借助生活经验，体验数学价值。 《数学课程标准》强调让学生“人人学有价值的数学”。“有价值的数学”应该与学生的现实生活和以往的知识体验有密切的关系，是对他们有吸引力、能使他们产生兴趣的内容。在总结了本课的知识后，我设计了这样的一道题：用百分数评价生活中的人和事。学生兴趣更高，一名学生说：我对学校食堂的饭菜很满意，用一个百分数表示可以是90%。另一名学生说：我很尊重我们小区的清洁工人，他们给我们创造了一个舒适、干净的生活环境，他们的工作用百分数表示可以是95%。还有一名学生说：我非常讨厌那些乱贴小广告的人，如果用百分数表示我的讨厌程度是100%。 本环节的设计，一方面让学生运用已学的百分数知识评价自己以及身边的人和事，体现了新课程的多元评价理念，这种数字量化的评价方式使评价更清晰、更具体，更能让学生真实、客观地评价自己和他人。另一方面，也让学生真切体会了数学学习的价值，让学生知道生活中的许多人和事都能数学化，从而使学生会用数学的眼光去观察、分析现实生活的问题，体验数学学习的价值。 数学用于生活，为生活服务。把数学知识生活化，是数学学习的出发点和归宿。现实生活是数学的丰富源泉，作为教师，应该将学生的生活和数学学习结合起来，在数学教学中从学生的生活经验和已有的生活背景出发，将生活问题数学化、数学问题生活化；使他们更有机会从周围熟悉的事物中学习和理解数学，体会数学就在身边，感受到数学的作用，体验数学的魅力。 挖掘生活中的数学，发现数学；模拟现实生活情境，体悟数学；运用生活中的素材，学习数学；回归现实生活天地，应用数学。这些无不体现数学与生活的紧密联系。在广阔的生活天地中，让我们的学生学会用数学眼光去看问题，用数学头脑想问题，用数学知识解决问题，这正是新课程标准倡导的数学学习的最终目的。

图形周长

基本信息			
学校	陶然亭小学	教师姓名	孙自明
课题	图形的周长	年级	三年级
课型	新授	具体内容	人教版三年级上册第 83、84 页内容
学段	第二学段	相关领域	几何图形
指导思想与理论依据			
给学生提供丰富的感知素材和自主探究、体验感知的空间，鼓励学生通过探究、理解，自己抽象概括出周长的概念，悟出计算长方形、正方形周长的方法，从而改变机械记忆概念、公式的学习方式。			
教学背景分析			
一、教学内容分析 本教学内容用 1 课时完成。把周长和长方形、正方形的周长计算整合在一起，把长方形、正方形的周长及其计算方法仅仅作为其中的一个特例加以处理。教学过程分两个板块设计。第一个板块是让学生理解周长的含义，探索周长的计算方法，并发现长方形、正方形周长计算的特殊性。第二个板块巩固并应用周长的含义及长方形、正方形的计算方法解决一些简单的实际问题。 二、学生情况分析 1. 本班学生学习兴趣较高，多数学生愿意进行动手实践和自主探究。 2. 学生在学习周长时已经对“周”的意思有了一点实际的认识。 三、教学方法与教学手段说明 1. 从故事情景入手，初步感知封闭图形的周长是有长有短的。 2. 逐步感知封闭图形的实际意义，探究计算多边形周长的方法。 （1）通过比距离，初步认识三角形、四边形的周长指什么。 （2）通过理解不规则图形的周长，进一步加深对多边形周长的认识。 （3）通过讨论角有没有周长，完善对封闭图形周长的理解和认识，并对周长的概念加以抽象概括。 3. 在充分理解周长的基础上，自己去解决求长方形和正方形的周长的方法，并感受优化计算方法的过程。			

续表

（1）通过量一量、算一算，巩固学生对周长的认识，让学生自己探究计算长方形周长的方法，并感受优化计算方法的过程。

（2）通过给长方形草坪围篱笆这个问题，使学生对求长方形的周长有更具体的认识。

（3）通过想一想在长方形草坪中划出尽可能大的一块正方形来造花坛，花坛的周长是多少，巩固正方形周长的计算方法，同时体会长方形、正方形之间的特殊关系。

四、技术准备

课件、图片、直尺、线。

教学目标

1. 知识与技能：通过动手指一指、画一画，使学生知道周长的含义，能够具体理解一些图形的周长部分。

2. 过程与方法：经历探索多边形周长的过程，从而使学生在探索活动中发现并掌握长方形和正方形周长的计算方法。

3. 情感态度与价值观：在探究活动中，学生能够发挥学习的自主性、积极性，体验数学与日常生活的实际联系，促进师生及学生与学生之间的合作交流。

问题框架

教学流程

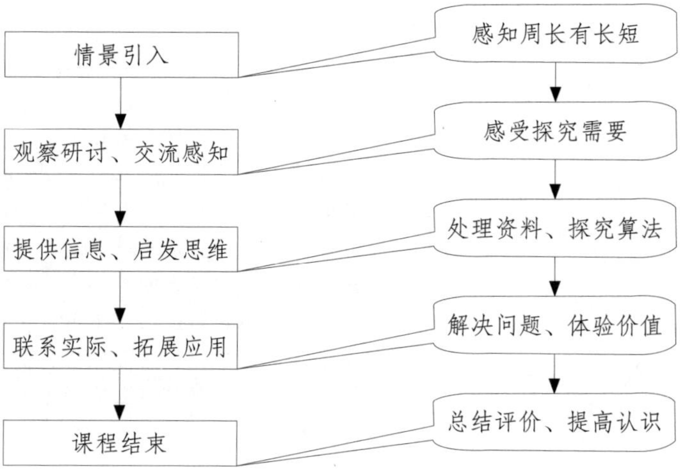

续表

教学过程		
教师活动	学生活动	环节意图
一、故事情景引入，初步感知周长的有长有短 1. 我们看这三个花坛。你发现了什么图形？ 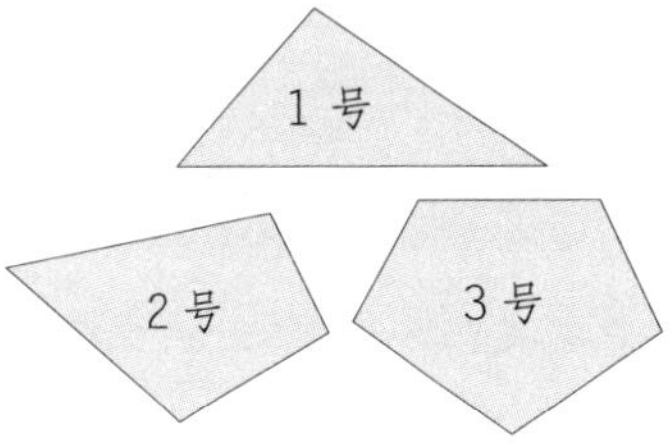	1. 学生：我发现花坛的形状分别是三角形、四边形和五边形的。	从学生日常生活所见之物引入，激发学生的学习兴趣。
2. 如果请三个小朋友以同样的速度同时出发，每个人分别绕一个花坛走一圈。你们猜谁最先走完一圈？ 要求：请用一个手指表示绕三角形花坛的一号小朋友最先回到起点，用两个手指表示绕四边形花坛的二号小朋友最先回到起点，用三个手指表示绕五边形花坛的三号小朋友最先回到起点。	2. 学生在观察、思考后用手势表示自己的选择。 预设选 1 号、2 号、3 号的学生都有。	让他们猜想游戏的结果，把学习的主动权交给学生。
3. 看来大家的选择不尽相同。下面请你们四人为一组，说说各自选择的理由。 老师巡视，参与一两个小组的活动。	3. 学生在组内说理由。 学生 1：三角形花坛虽然只有三条边，但是它的每条边都是很长的，而五边形每条边都是很短的。所以，我认为绕五边形花坛走的小朋友最先回到起点。 学生 2：我也觉得绕五边形花坛走的小朋友最先回到起点。因为五边形的一条边是三角形花坛一条边的一半，三角形花坛还多出来一条边，所以绕五边形花坛走的小朋友最先回到起点。	通过积极的猜想，使学生产生认知冲突，在具体的情景中理解多边形周长的实际意义，产生学习的欲望。

续表

教师活动	学生活动	环节意图
4. 如果五边形花坛的边长真是三角形花坛边长的一半，那么绕五边形花坛走的小朋友最先回到起点。	4. 学生3：我认为是绕四边形花坛走的小朋友会最先回到起点，因为四边形的四条边都是比较短的。	学生在细致的观察、解决问题的过程中初步直观地认识“周长”。
5. 那我们现在就让他们同时以同样的速度出发，看看到底谁最先回到起点。 （课件演示：请三位小朋友同时出发各自绕花坛一周，结果2号最先回到起点。）	5. 学生注视屏幕，认真观察——绕四边形花坛走的小朋友最先回到起点。（学生欢呼）	
二、在感知的基础上理解多边形周长的含义 1. 猜对了当然高兴，可你们知道这其中的原因吗？	1. 学生：五边形比三角形的边短，四边形又比五边形少了一条边。	使学生认识到图形的周长就是所有边长的总和。
2. 那三角形比四边形还少一条边呢？	2. 学生：是看距离。	
3. 是看什么距离？是看一条边的长度吗？	3. 学生：不是，是看整个图形的周长。	
4. 他刚才说了哪个词？ 谁还听清了？ 板书：图形的周长。	4. 学生1：刚才说的是看整个图形的周长。 学生2：刚才说的是看整个图形的周长。	通过描述图形的周长，学生比较充分地认识多边形的周长的具体意义。
5. 周长是什么意思？你能结合刚才的花坛来说说三角形花坛的周长指什么吗？ 演示三角形花坛的周长。 （先隐去花坛，显示出三角形，在顺次出示三角形的三条边。）	5. 学生：三角形花坛的周长指三条边的总长度。	

续表

教师活动	学生活动	环节意图
6. 四边形的周长指的是什么呢？五边形的周长呢？ （结合学生的回答，课件显示出四边形的周长、五边形的周长。）	6. 学生：四边形的周长是指四边形四条边总共的长度。五边形的周长是指五边形五条边总共的长度。	
7. 课件出示三角形三条边的长度。 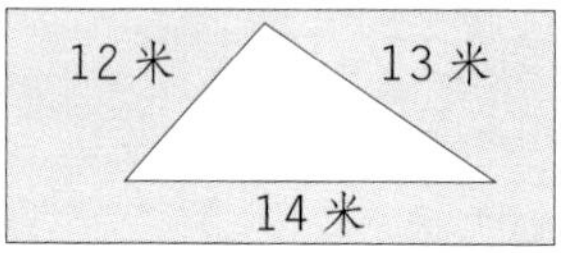 请算出三角形花坛的周长？	7. 学生计算后口答：三角形花坛的周长是 39 米。	学生初步感悟计算多边形的周长的方法。
8. 课件出示四边形四条边的长度。 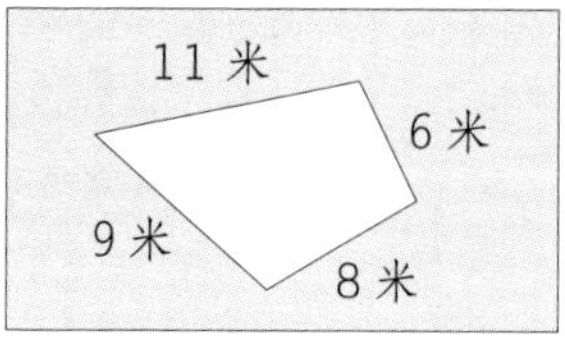 请算出四边形花坛的周长？	8. 学生计算： 11 + 9 + 6 + 8 = 34（米） 口答：四边形花坛的周长是 34 米。	
9. 课件出示五边形四条边的长度。 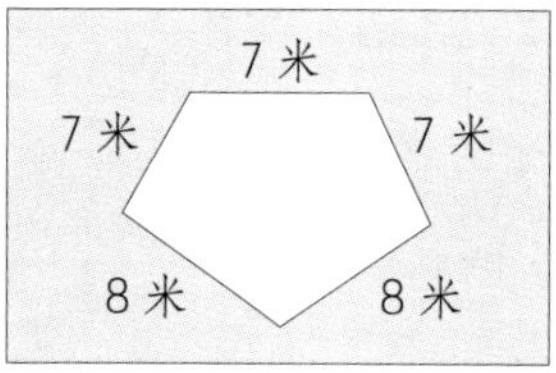 （1）请算出五边形花坛的周长？ 评价：他和我想的方法一样，求五边形的周长只要把它的五条边的长度加起来就行了。有不同的想法吗？	9. 预设： 学生 1：我是先记住一个数，等到再出来一个数时加起来，一个一个地加到最后出来的数。 学生 2：我是这样想的：有三条边都是 7 米，两条边都是 8 米，所以可以这样计算：$7\times3+8\times2=37$（米）。	学生在计算周长的过程中，通过交流多种算法，体会巧算，为探究长方形周长做铺垫。

续表

教师活动	学生活动	环节意图
（2）评价：你们真会动脑筋！不仅会计算周长，而且还能根据数据的特点灵活地计算图形的周长。真棒！		
10. 三角形、四边形、五边形的周长我们知道了，你们还想到什么图形了？	10. 我想到还有六边形、七边形、八边形……	在大量直观认识的基础上，学生抽象出“周长”的概念，并理解“周长”的具体含义。
11. 你能分别描述一下它们各自的周长吗？	11. 学生：六边形的周长指的是六条边总共的长度，七边形的周长指的是七条边长度的总和，八边形的周长指的是八条边长度的总和。	
12. 除了用线段围成的这些多边形外，还有其他的图形吗？请画一画，并给同桌指一指它的周长。 （老师巡视，选有代表性的图形让学生在黑板上画。）	12. 预设图形。 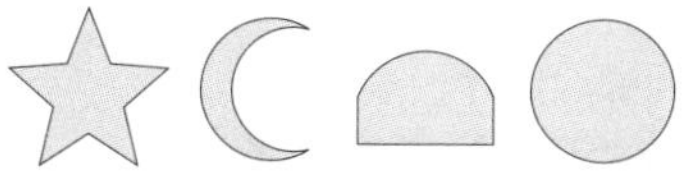	
13. “”这个图形有周长吗？	13 学生：当然有周长了。我来指一指。（学生到前面指图形的周长。）	
14. 怎么量它的周长呢？ 你见过半圆形的尺子吗？	14. 学生：可以用半圆形的尺子来量。（学生举起量角器。）	
15. 老师介绍：这是一个量角器，它是用来量角的大小的，大家在四年级会学习到。用量角器来量曲线的长度不行。再想一想。	15. 学生：可以把弯线拉直了量。	
16. 大家听明白他说什么了吗？ 评价：我们同学特别会学习，不但自己积极动脑，而且还能认真倾听同学的发言，得到启发。看（老师演示用电线量曲线的长），曲线长 25 厘米，直线长 17 厘米，请口算半圆的周长是多少？	16. 学生：他的意思是要把曲线拉直量。 学生：计算半圆的周长，25 ＋ 17 ＝ 42（厘米）。	

续表

教师活动	学生活动	环节意图
17.“”这个图形有没有周长？ 板书：指它一周的长度。	17学生：有周长，圆的周长也指它一周的长度。	加深对“周长”的直观认识、理解。
18.那你们认为不管是多边形，还是这样的不规则的图形，都有周长，对吗？敢对自己的话负责任吗？ 板书：这个图形有周长吗？为什么？	18.学生齐声说：是。 学生：敢负责。 学生1：有。 学生2：没有。	
19.老师让说有的同学到黑板上指出角的周长。 他说的有道理吗？	19.学生边指边说：把两边加起来就是它的周长。 学生：不同意。那你说周长的“周”是什么意思？	结合学生的生活经验理解封闭图形周长的具体含义。
20.对呀，我们同学经常会在操场上跑一周或者说跑一圈，周、一周是什么意思？	20.学生：一周是要连起来的。 学生：对。一定要首尾相接。 学生：一个连起来的图形，也就是封闭图形，才有周长。 学生齐读。	
21.小结：是的，一个封闭图形一周长度的总和，是它的周长（写板书）。	21.每个学生都各自独立思考，动手测量，并尝试计算给出的图形的周长。	
三、应用周长的概念探究求多边形周长的方法 1.给出一个封闭的图形，你会计算它的周长吗？ （1）练习纸出示图形。 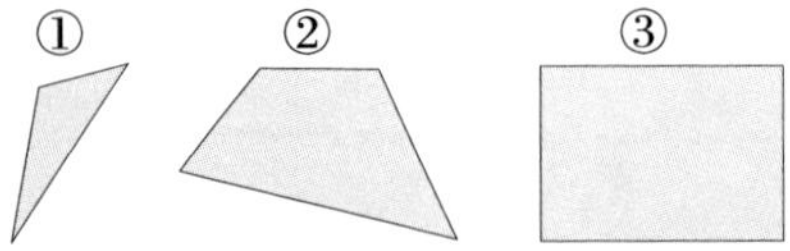	1.学生：我先看这个这个图形是不是一个封闭图形，是封闭图形的话，我再去量出每条边长，最后计算出周长。	让学生自己去尝试、去思考、去讨论、去交流……这样做使学生对求长方形和正方形周长的方法有更具体的感受。

续表

教师活动	学生活动	环节意图
（2）当你看到这个题目时，你先是怎样想的？再是怎样做的？ 请学生汇报。	学生汇报： ①2＋3＋4＝9（厘米） ②1＋2＋3＋4＝10（厘米）	让学生通过计算、交流、讨论，自己找到计算长方形和正方形周长的方法。
2.好极了。（老师指长方形）这个图形你量了几条边？ 老师：你觉得谁的方法好？ 老师：你们认为这位同学说得怎么样？ 评价：特别好。好就好在他能用以前学到的长方形两组对边分别相等的知识，只需量出两条边的长度，就能计算出长方形的周长。	2.众学生积极举手。 学生1：我量了两条边。 学生2：我量了四条边。 学生3：我认为第一个方法好，因为长方形是对边相等的，没必要量四条边，太浪费时间了。	
3.你知道他量的是哪两条边吗？	3.学生：他量的一定是一条长是5厘米，一条宽是3厘米。	
4.你是怎样列式的？	4.预设： 学生1：5＋3＋5＋3＝16（厘米）。 学生2：5×2＋3×2＝16（厘米）。 学生3：（5＋3）×2＝16（厘米）。	
5.不错，你们想的都特别好。这位同学，能结合你的算式说一说是怎么想的吗？每一步求的是什么呢？ 板书：（5＋3）×2 ＝ 16（厘米） （长＋宽）×2＝长方形的周长	5.学生：我是先算5加3等于8，这是一条长与一条宽，不是还有一条长与一条宽吗，所以只要用8乘2就行了。	

续表

教师活动	学生活动	环节意图
6. 同学们，有的四边形要计算它的周长需要量出四条边的长度，有的只需要量出两条边的长度就行了。哎，有没有这样的四边形，计算它的周长只需要量出它的一条边就行了。 老师板书：  10 米	6. 继续看屏幕，边看边思考。 学生忍不住说：正方形。	体现长方形、正方形的内在联系，明确正方形是特殊的长方形，所以计算周长上可以迁移算法。
7. 这个正方形的周长是多少呢？ 板书：10×4 ＝ 40（米） 边长 ×4 ＝正方形的周长	7. 学生：算式是 10×4 ＝ 40（米）。	
8. 由此你还想到什么了？ 评价：你还认识菱形啊，回答正确，真了不起。	8. 学生：我想到了菱形，只要量出它的一条边的长度就能计算它的周长。	启发学生应用“周长”的知识，自己去解决问题。
9. 小结：那以后我们怎样计算长方形的周长和正方形的周长呢？ 评价：总结得特别好。那我们来解决个实际问题吧。	9. 学生总结：要计算长方形的周长就找长方形的长和宽，再用长加宽的和乘 2。要计算正方形的周长就找正方形的边长，再用边长乘 4。	
四、拓展应用，解决实际问题 1. 出示：草坪的周围围上篱笆，篱笆有多长？ 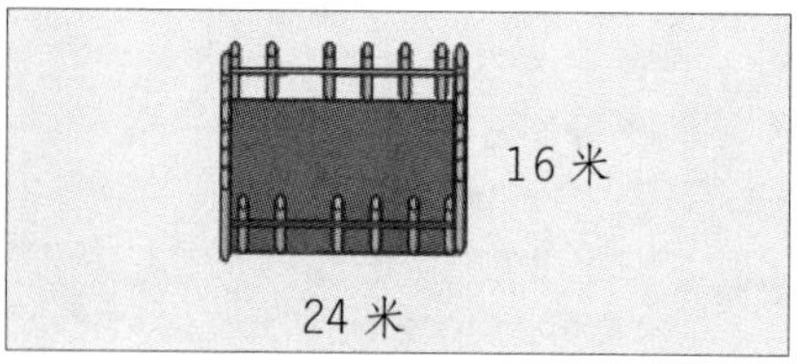 老师：用怎样的方法能很快计算出它的周长？	1. 学生独立解答后交流： 学生：我用 24 ＋ 16 等于 40，这是一条长与一条宽的和，再用 40×2 等于 80 米，就是篱笆的长度。 学生：因为 24 加 16 是整数。	在解决问题的过程中，联系生活实际情况，根据需要，应用周长解决实际问题。

续表

<table>
<tr><th>教师活动</th><th>学生活动</th><th>环节意图</th></tr>
<tr><td>板书：（24＋16）×2＝80（米）
能告诉大家你这样的计算好在哪里？
评价：我们小朋友不仅能利用周长的知识计算出篱笆的长度，而且还动脑筋用简便些的方法，真行。</td><td></td><td></td></tr>
<tr><td>2. 如果为了节约材料，建这个草坪可以一面靠墙，需要多长的篱笆呢？
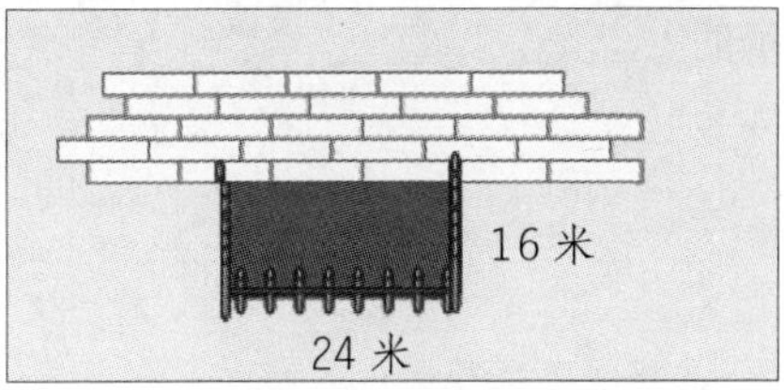

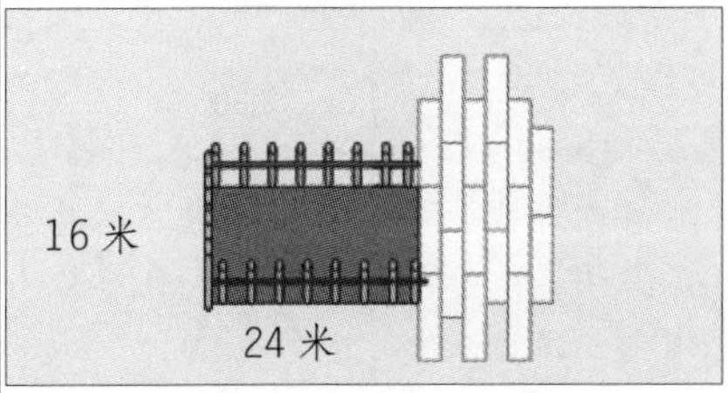
</td><td>2. 学生思考后二人一组交换意见。
汇报：
学生 1：如果是长靠墙的话，篱笆的长应该是 24＋16×2＝56（米），靠墙那面就不用篱笆了。
学生 2：如果是宽靠墙的话，篱笆的长应该是 24×2＋16＝64（米），靠墙那面就不用篱笆了。
学生 3：当然是选择长靠墙了，因为这样用的材料最少。</td><td>结合具体的生活实际拓展对“长方形、正方形关系”的认识、理解。</td></tr>
<tr><td>老师：大家可真会思考，那如果是求一面靠墙，至少用多少米的篱笆呢？你采用哪种方法计算？</td><td>学生认真地听要求，跃跃欲试。</td><td></td></tr>
<tr><td>3. 好极了。那如果从草坪中划出尽可能大的一块地，用来造一个正方形花坛，你知道这个正方形花坛的周长是多少吗？
（出示课件。）

师：这个问题留给大家课下去思考，和小组的伙伴们交流。</td><td>3. 学生争先恐后地发言。
学生 1：我知道了封闭图形一周的长度就是它的周长。
学生 2：我们可以利用周长的知识解决生活中的很多实际问题。
学生 3：我知道求长方形的周长需要找长方形的长和宽，用长加宽的和再乘 2。
学生 4：我知道求正方形的周长需要找正方形的边长，用边长乘 4。
……</td><td>在谈收获的过程中，回味、总结所学，培养学生正确评价自己的能力。</td></tr>
</table>

续表

教师活动	学生活动	环节意图
五、总结评价，提高认识 1.通过这节课的学习，你有什么收获？ 2.老师最大的收获是看到了同学们的进步，你们越来越会学习了。今天同学们课下就去校园内外观察一下，找一找生活中的哪些地方用到了今天学习的有关周长的知识。		

教学过程（表格描述）

教学阶段	教师与学生活动	设计意图	效果分析

学习效果评价设计

评价方式：

对学生学习时的课堂参与、动手操作、完成练习、情感态度等四方面进行评价。

评价量规

完成情况	评价项目			
	积极参与课堂活动，举手回答问题	能够正确、流利地说出算法，并能够正确计算	能够在课堂上准备，快速、积极地完成课堂练	乐于思考，愿意与其他人分享自己的想法
能做到				
基本做到				
做不到				

本教学设计与以往或其他教学设计相比的特点

1.找准教学重点，有利于概念的建立。本课的教学重点是周长概念的建立。在教学周长的概念时，结合了学生的年龄特点，从切身的体验中学生感受到周长就在自己身边，很好地理解了周长的含义，而不是一知半解地死读、死记周长的定义。另外，寻求特殊图形的计算方法时没有框死学生的思维，没有把学生硬往某一个方向去赶，而是尊重学生自己的想法，体现了个性的张扬。

2.充分利用媒体对教学的辅助作用，敢于突破教材，重在知识的运用。一般情况下，我们比较重视教材内容上的东西，也就是重视书本上的知识，而轻视学生的实际情况和知识的实际运用。实践证明从书本的知识到实践运用是有距离的。今天我打破了传统的框框，没有像书本那样出示例题教学，而学生由于对周长概念的充分理解，从一般图形的周长过渡到求特殊图形的周长，并且出现了多种灵活的计算方法。特别在练习中学生活跃了思维，提升了空间的想象力。我认为，周长的概念教学远比周长的公式教学更为重要。

续表

3. 注重数学知识与日常生活的密切联系。《数学课程标准》针对儿童的心理特征指出：教师在教学中应充分利用学生的生活经验，设计生动有趣、直观形象的数学教学活动，让学生在生动、具体的情境中理解和认识数学。教学过程中，我从学生熟悉的生活情境或具体事物出发展开教学，给学生提供充分的探究机会，通过观察、探索、交流等多种形式的活动，获得对周长知识的直观经验，并逐步形成初步的空间观念，解决生活中的简单问题，感受数学在日常生活中的作用，体验学习数学的乐趣。 4. 注重反思，给学生思考空间。克林伯格指出，教师在实际教学过程中应当这样来指导学生：通过教学意图和策略等影响学生，即把学生置于主体地位并提供主体地位应有的天地，使得学生成为学习的行动者。现在我们总是强调让学生主动学习，主动探究，但有时却忽略了教师的指导作用。其实学生的每一个活动都需要教师的引导，否则就会偏离目标。在这节课中我特别强调的是：引起学生的思考，通过思考和交流在头脑中形成周长的模型，在真正理解概念的基础上探究算的方法。 总之，在这节课中，我努力实现以学生为本，为每位学生提供了有效地参与数学活动与交流的机会，为学生构建了让他们自由发展、张扬个性的空间，给学生创造了主动合作与交流的平台，使每位学生都进行了有效的数学活动，真正理解和掌握了周长的概念，同时获得了丰富的数学活动的经验，为今后的数学活动的开展打下了良好的基础。 但是由于自己教育机智还欠缺，课堂中也出现了一些问题：整堂课教师说的话还是多了一些。总想把学生的发言引到我事先设想的思路上来，课堂中出现少数环节不紧凑的地方。 在今后教学中要时刻注意自己的教学语言的严密性，同时也要引导学生思维和表达要有一定的逻辑性，让他们能完整、准确地表达自己的意思。 同时，我还要注意提高教育机智，争取达到收放自如的境界。我要多虚心向有经验的老师学习，多读教育书刊，使自己的教学水平更上一层楼！

变化的量

<table>
<tr><th colspan="6">教学基本信息</th></tr>
<tr><td>课题</td><td>变化的量</td><td>学科</td><td>数学</td><td>学段</td><td>六年级</td></tr>
<tr><td>学校</td><td>陶然亭小学</td><td>教师</td><td>谢红霞</td><td>课型</td><td>新授课</td></tr>
<tr><th colspan="6">教学目标</th></tr>
<tr><td colspan="6">教学目标：
1. 感受生活中变化的量，对变化的量有整体的结构化的感知，用多种形式表现变化的量。
2. 借助数据和图像分析，整体感知两种相关联的量的变化情况，初步探究它们的区别和联系。
3. 体验数学和生活的密切联系，主动尝试用数学的方法和语言进行交流和分析，体会函数思想。
教学重点：对变化的量有整体的结构化的感知，体会变化的内涵。
教学难点：用多种方式表现变量关系，并进行描述。</td></tr>
</table>

<table>
<tr><th colspan="3">教学过程</th></tr>
<tr><td>环节</td><td>核心任务与主要问题</td><td>环节意图</td></tr>
<tr><td>前测</td><td>①同学们，生活中存在着很多变化的量，比如早上的温度是 −2℃，中午的温度是 9℃ ，温度在发生着变化，我们就说温度是变化的量（简称变量）。你还能从生活中找到哪些变量？
②在我们找到许多变量的同时，你也许还会发现一些变量之间是有关系的。你能在生活中找到两个变量，其中一个量随着另一个量的变化而变化的例子吗？用你喜欢的方式呈现出来。</td><td>根据学生作品，了解学生学习起点，选择上课所用素材。</td></tr>
<tr><td>一、展示前测，初步感受变化的量</td><td>1. 分析前测结果，初步感受变化的量。
老师：同学们，在上这节课之前，老师给同学们布置了一个小任务“寻找生活中变化的量”，同学们特别棒，找到了很多有意思的变化情况，而且你们用特别丰富的形式表示出来了，下面咱们一起看看。</td><td></td></tr>
</table>

续表

环节	核心任务与主要问题	环节意图
	层次一：变化现象 学生 1：从早到晚自己精神状态的变化。 学生 2：一把香蕉在放置一段时间后外观的变化。 学生 3：一天当中影子长度的变化。 学生 4：一棵树随着春夏秋冬季节变化而展现的不同状态。 小结：我们身边无时无刻不在发生变化，正是因为你们用变化的眼光去观察它们，所以你们才会发现这些变化的现象。 层次二：变化的量 学生 5：手电筒打开一段时间后温度的变化，随着灯光的照射，表面的温度由 19℃到 26℃，再到 20℃。 老师：这位同学不仅观察到手电筒表面温度的变化，还将数据记录下来，有了数据的说明，温度的变化情况就一目了然了。 学生 6：一个人从早到晚体重的变化，早上的体重是 29.5 千克，中午的体重是 29.8 千克，晚上的体重是 30.2 千克。 老师：像一个人的体重、温度，在我们数学当中都叫作量，这些量对应的数据在发生变化，我们就把他叫作变化的量，简称变量。今天这节课我们就来研究“变化的量”。（板书课题：变化的量。） 老师：从这位同学的作品中，你能找到变化的量吗？ 学生 7：时间在发生变化，水的温度也在发生变化，时间和温度都是变化的量。 老师：你观察得特别仔细，找到两种变化的量，它们是怎样变化的，你能详细说明吗？ 学生 7：下午 1：00，水的温度是 30℃；下午 1：05，水的温度是 28℃；下午 1：10，水的温度是 24℃；水的温度随着时间的变化而降低。（抓关键词：随着。） 老师：同学们特别善于观察，在这幅作品中你们找到了两种变化的量。一种量变化，另一种量也随着变化。（板书：一种量、另一种量。） 老师：我们再看一幅作品，这里存在着变化的量吗？它们是怎样变化的。 学生 8：边长增加，面积也随着增加。	结合前测发现，学生找到的更多的是变化的现象，所以在课堂中帮助学生经历“变化的现象——变化的量——相关联的量”这一过程，让学生初步感受变化的量。

续表

环节	核心任务与主要问题	环节意图
	老师：说得太好了，一个“随着”就把两种变化的量紧紧地联系在了一起。“随着”，什么意思？（板书：随着） 学生：跟着，一起在变，它变，它也变。 老师：就像大家所说，边长增加，面积也随着增加。像这样，一种量变化，另一种量也随着变化，在数学中，我们就说这两个量是有关系的。 老师：同学们，生活中还有这样一种量变化，另外一种量也随着变化的情况吗？ 学生举例。 小结：两种变化的量，一种量变化，另一种量也随着变化。我们就把这样的两种量称为两种相关联的量。（板书：关联）	
二、借助情境，多元表现变量	老师：同学们找到了很多相关联的量，为了研究深入，我们先重点研究一组。 1. 直观感受一个量变化，另一个量也变的过程。 播放加油站加油视频。 老师：下面请同学们观看老师在加油站加油的视频，你有什么发现吗？ 老师：这个情境你们熟悉吗？你能从中找到两种相关联的量吗？ 学生：油量和金额在不断发生变化。 学生：加油量不断变化，金额也在不断发生变化，但是我也发现这里面的单价一直没变。 老师：你可真了不起，不仅找到了变化的量，还关注到了不变的量。看来在研究的过程中，只要我们善于观察，就会有意想不到的发现。（板书：不变。） 2. 利用多种形式表现变化的量。 老师：除了用视频呈现油量、金额的变化，还有没有其他更直观的方法呢？ 学生：我觉得可以用表格记录数据。（板书：表格。） 学生：我觉得用折线图来表示更直观，我们可以根据统计表里的数据，绘制统计图。（板书：画图。） 老师：结合表格中的数据，你能尝试着分析一下它们是怎样变化的吗？它们在变化的过程中，有没有什么规律？	结合具体情境，体会生活中存在着大量互相依赖的变量，动态感受相关联的量发生变化的过程。根据视频，学生尝试用自己的语言描述两个变量之间的关系，知道列表或画图都是表示变量之间关系常用的方法。

续表

环节	核心任务与主要问题	环节意图
	学生：每增加 1 升油，金额就增加 7.95 元。 学生：油量扩大到原来的 2 倍，金额也扩大为原来的 2 倍。 小结：同学们，你们发现了吗？两种相关联的量，一种量变化，另一种量也随着变化。通过探究数据之间的关系，我们对变化的量有更深入的理解。 老师：刚刚还有同学提到了用画图的方式表示数据。从图中你还能看出“金额随着加油量的增加而增加”的情况吗？从哪能看出来？ 学生：图中横轴和纵轴分别表示油量和金额，通过看图中的这些点可以感受变化的量，1 升油对应着 7.95 元，2 升油对应着 15.9 元……图中的这条线在不断上升，表示加油量增加，金额也在增加。 学生：每增加 1 升油，钱就增加 7.95 元。 老师：如果再接着加油，会有怎样的变化，我们一起用手比画一下。 老师：同学们太棒了，不仅会看表格，也能从图中找到变化的量。利用图表结合的方式记录，可以直观地看出油量和金额都在变化。看来在我们之前学习的数量关系中，还存在着这么多值得我们探究的知识呢！	
三、丰富情境，体会变化关系	1. 丰富素材，再度寻索描述变量及变化关系。 老师：课前，有很多同学已经找到这样存在关系的两种变量，并用特别丰富的形式展示出来了，老师也给你提供了一些情境，下面我们一起看看，在这些变量中还隐藏着哪些秘密呢？ 活动要求： ①仔细阅读每幅作品，找到其中变化的量，看看它们是怎么变化的？ ②每组的四幅作品中，有一幅作品中的两个量的关系与其他的是不同的，你能找出来吗？说说你的想法。 2. 小组讨论，深入研究相关联的量，探究规律。 层次一：三个情境都属于一种量增加，另一种量随着增加的情况；一个情境属于一种量增加，另一种量随着减少。	结合具体情境帮助学生感受现实生活中存在着大量互相依存的量，量与量之间存在着丰富的关系，能从变化中看到“不变”，深刻理解一个量随着另一个量的变化而变化。

续表

环节	核心任务与主要问题	环节意图
	小结：这组同学关注到了这三幅作品中两种量的变化方向是一致的。它们都是一种量增加，另一种量也随着增加。如果反过来看，则是一种量减少，另一种量也随着减少（板书：→）。 老师：关于他们组的分析，你还有什么想补充或说明的吗？ 学生：我想补充的是，身高随着年龄的增加而增加是在一个特定的年龄段里才存在的，我们到一定年龄后，身高就不会再随着年龄的增加而增加了。 老师：你想问题真严谨，能结合生活实际来思考问题，看来在变化的过程中还存在着一定的局限（板书：局限）。 层次二：变化方向一致的情境中发现和不变、差不变、积不变、商不变的情况。 小结：变化方向一致的情况中，通过对变化数据的深入分析，我们还在变化的量中找到各种不变的量。 层次三：呈现周期性变化情况。 小结：通过我们的研究，发现在变化中还存在着不变的量，我们又发现了新的规律。其实生活中这样的变化现象及其规律是很多的，只要你善于观察，肯定能有更多的发现。	
四、全课小结，整体感知变量	这节课我们研究了变化的量。大家说的很多都是我们熟悉的数量关系，但是今天我们从量的变化关系的角度来重新研究它们，经过列表、画图，又有了新的发现、新的认识。同学们，生活中很多变化的量都是相关联的，这里面还有更多的规律等着你们去发现，去探索。	全课小结，梳理知识，促进学生对变化的量有整体的结构化的感知。

分毫之间，量出量感

陶然亭小学　李玮

尊敬的各位评委、各位专家，大家好！

我是陶然亭小学的李玮，我说课的主题是“分毫之间，量出量感”，说课的内容是人教版三年级上册第三单元的第一课时“毫米、分米的认识”。我将从以下几个方面进行说课。

一、教材分析

三年级第三单元《测量》教学内容如下：

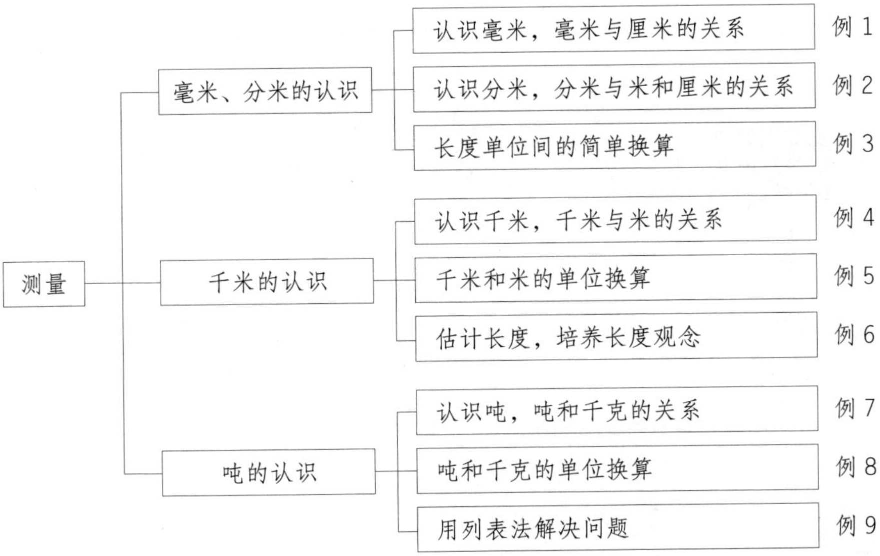

本单元的知识有长度的度量和质量的度量，度量长度的内容有认识长度单位毫米、分米、千米，及用 1 毫米、1 分米测量，用 1 千米估量长度。度量质量的内容有吨的认识和解决问题。无论度量什么，度量的本质是将被测对象与计量单位进行比较，看被测量对象中含有多少个计量单位，最后用“数＋单位”的形式来定性、定量。因此，本单元的核心是“计量单位”和“单位量的个数”。

认识长度单位毫米和分米，并用毫米和分米表示物体的长度。

二、大单元（主题）设计规划

通过对教材的解读，我整合本单元教学内容。本单元一共分为6个课时完成，今天我主要介绍第1课时：认识毫米和分米。

三、学情分析（学生的认知基础）

我们出了以下几道题了解学生的认知基础。

课前作业

一、填一填

1.度量长度要用到长度单位，请你将知道的长度单位写在（　）里。

2.一根铅笔的长18（　）。

3.  一元硬币的厚度大约是2（　）。

4.教室的门的高度大约是2（　）。

二、量一量

1.请你将在测量时遇到的问题在横线上写一写。

____

____

2.  一元硬币的厚度大约是2（　）。

从学生课前作业看出以下现象。第一，学生在选择长度单位上犹豫不决，有反复修改的痕迹。第二，没有想法随意填单位，有的学生填写质量单位。第三，把一摞一元硬币看成测量的对象。三种现象聚焦成本节课的教学任务上，即认识毫米、1 毫米、分米、1 分米，会正确表示长度。

从生活的角度看，成年人对毫米、分米用得比较少，学生对分米、毫米的接触更少了，建立 1 分米、1 毫米的长度观念是教学的重中之重。

本节课要通过多次测量活动，帮助学生建立 1 毫米、1 分米的概念，建立量感。

四、教学目标

1. 在实际测量中认识长度单位毫米和分米，建立 1 毫米、1 分米的长度观念，明确长度单位间的进率。

2. 通过测量活动，体验 1 毫米和 1 分米的实际长度，形成直观认识，能选择合适的单位刻画物体长度，逐步建立量感。

3. 在测量中体会数学与生活密切联系，感受测量的价值。

教学重点：初步建立 1 毫米、1 分米的长度观念，明确长度单位间的进率。

教学难点：体验 1 毫米和 1 分米的实际长度，形成直观认识。

根据教学目标和重难点设计教学环节。

五、教学过程

我设计了四个教学环节（分别说说环节内容）。接下来，我就来重点介绍一下。

（一）一次度量，有了发现

1. 测量小蜗牛四次爬行的路程各是多少？

有一只刚刚出生的小蜗牛，悄悄从家里爬了出来看世界。地上留下它的足迹。

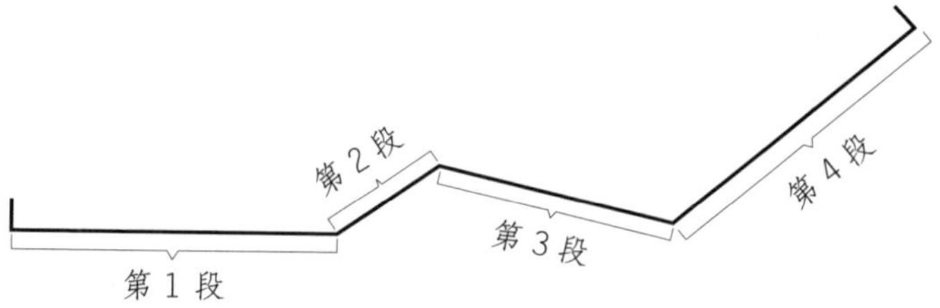

学生在测量中发现每一段长度都不够 1 厘米，有学生说可以用毫米做单位表示长度。此时顺势拿出尺子介绍毫米是长度单位。告诉学生，别看 1 毫米很短，但是它的作用很大。再让学生在尺子上找 1 毫米，并相互介绍。

2．再次度量小蜗牛四次爬行的路程各是多少毫米。

学生依据 1 毫米的长度，再次度量四次爬行的路程。初步认识新单位毫米和 1 毫米。

（二）二次度量，找寻关系

1. 找一找

让学生在尺子上多找几个 1 毫米，将 1 毫米牢牢地记在脑子里。

2. 比一比

首先比一比眼力，在一堆物品中找出厚度大约是 1 毫米的物品，并用尺子验证。

然后让学生用拇指和食指捏住硬纸卡，慢慢地把它抽出来，看一看两根手指之间的距离，再把卡纸放回两指之间，反复这个动作，把 1 毫米的长度记在脑海中。

3. 叠一叠

第三个活动是叠一叠。大家在不断测量中发现了 10 个 1 毫米就是 1

厘米，在测量中培养量感。

4. 算一算

让学生算小蜗牛爬行的总路程，再说明10毫米和1厘米是相等的关系。然后让学生拿出尺子找一找25毫米和2厘米5毫米。

（三）三次度量，量出量感

1. 在测量中再次产生需求

给学生2分钟时间，从1米长的尺子、1厘米长的小棒和1毫米厚的卡片中任选度量工具，去测量桌子的长。有些学生拿这些工具反反复复地量，用手指对准零刻线，但就是找不到完全合适的，认为完不成任务，因为米尺太长、小棒和卡片太短；有些学生成功了，用米尺测出6分米。

2. 认识分米和1分米

让学生在尺子上找1分米，再用自己的语言或者手势表述1分米的长度。然后让学生去测量课桌的宽。测量时反复强调，有几个1分米就是几分米；测完后，让学生说一说测量方法和认识。

3. 学会选择单位

首先让学生把单位图形1米、1毫米、1厘米和1分米由长到短排成一队。

然后告诉学生，1米、1毫米、1厘米和1分米想让大家给他们分配工作，发挥它们的作用。让他们在任务单上写下安排：用1米去度量教室、走廊的长和宽，用1分米去度量窗台的长和宽、度量A4纸的长和宽，用1厘米度量即时贴的长和宽，用1毫米度量地板砖缝的宽度，等等。在分配任务的过程中，学生认识到根据被度量物体的长短来选择合适的单位十分重要，体会到这些图形在度量中各有各的作用，把它们的长度记在脑中，形成具体表象，在度量中产生量感。（要有学生的作品。）

（四）科学度量，不差分毫

1 毫米真的很短很短，是不是可以忽略它，不在乎它呢？于是我出了几个问题，征求同学们的意见。

1. 我告诉孩子们，我的身高是 1.61 米还多一点点。学生说，多的那一点点可能是 1 毫米或者几毫米，可以忽略不计。

2. 于是我就给出了第二条信息：喜马拉雅山是中国和世界的骄傲，海拔 8848.86 米。我国科学家发现它每年以 5 毫米至 1 厘米的速度在悄悄地长个子，问学生，觉得怎么样？长度可以忽略不计吗？一石激起千层浪，同学们异口同声地说，不能忽略。对啊，它这种坚持不懈、努力生长的精神，非常值得我们赞扬和学习，所以这里的每一毫米都不能忽略。

3. 再看这条信息：港珠澳大桥海底隧道总长 5.6 千米，在安装过程中误差不能超过 3 毫米。问学生，你觉得 3 毫米可以忽略不计吗？学生说不可以。对啊！在建设港珠澳大桥的时候人们就是以毫米的精神和严谨、科学的态度去实行。1 毫米虽然很短，但对高科技的生产和现代生活的作用很大，误差越小，精准度就越高。

4. 再看这条信息：用 5 纳米工艺制造芯片，就像是在 5 毫米宽的马路上修建 44000 条公路。问学生，是不是需要更加精准？这体现出科学的严谨态度。

最后通过学生的回答回顾本节课知识点，有的同学指了指脑袋说，在测量中我让 1 毫米和 1 分米“住”在这里了；有的同学说，多测量几次，我的眼睛里有了把尺子；有的同学说，没想到 1 毫米有那么大作用，不能忽视 1 毫米；还有的同学提出了个问题：我觉得咱们平时用 1 分米的时候不多，这是为什么呢？

学生提出的这个问题，也正是我所思考的内容。

六、我的思考

备课时我有个念头一闪而过：为什么要先讲厘米和米，再讲毫米和分米呢？为什么不按度量单位、标准图形的长短来讲？带着问题再次阅读教材，似乎找到了答案。在日常生活中大家不习惯说分米，估测物体实际长度时，常用厘米和米。我们知道 1 分米＝ 10 厘米，2 分米＝ 20 厘米，如果物体长度是几分米，在生活当中一般会说成是几十厘米，让人感觉更精准，比较长的物体直接用米来度量。我想，在教材编排的过程中，既要遵循知识的逻辑关系和体系，也要考虑到人们生活当中的应用习惯，两者兼顾，才能便于学生掌握。

上好一节课教师首先自己真明白，才能设计出好的教学过程，才会有好的教学效果。我是一个刚刚入职才几个月的年轻老师，在教学的路上正在努力地蹒跚前行，在学校领导和老师们的帮助下，我给自己设定了教学成长之路的路标是“学习、研究、实践和思考”。希望能通过自己的教学，给学生营造一个轻松、愉快、合作、民主的课堂氛围，让学生高高兴兴地进入数学世界，在探索中激起兴趣，从发现中获取知识。

七、作业（略）

八、评价设计

有 4 根木条，（　　）最长。

400cm　　2m　　30dm　　400mm

这道小题，也是下节课要重点研究的内容，建立长度单位间的关系，让学生掌握单位转化的方法。

九、板书设计（略）

以上就是我说课的全部内容。感谢大家的聆听！

第四章

红烛照亮团队

一片彩霞迎曙日，万条红烛动春天。

——［唐］杨巨源《元日呈李逢吉舍人》

多年来，我连续担任中高年级的班主任和两个班的数学教学工作。工作中，我始终充满激情，积极参与每个团队的教育教学研讨和实践，认真聆听团队教师的想法和建议，积极参与备课、说课、磨课，以及论文、课例撰写等活动，指导和带领青年教师不断进步，与老师们共成长。本章收录了我们团队共同研究的教育教学随笔、课时教案、说课方案以及班队会方案。

小学节气教育中的美育探索

陶然亭小学　米雪茹

美育在学校教育中占有十分重要的地位，而小学阶段又是人生观、世界观和审美意识形成的重要时期。节气文化作为重要的传统文化，它在丰富学生知识的同时也带给学生一定的思想转变。在实践中，我感受到其深厚的美育价值，及其对学生审美素质培养的极大益处。因此本文就节气文化中的美育价值、小学节气教育中的美育以及实际节气美育案例来讨论小学节气美育的实践性。

二十四节气是中国传统文化的载体，其于 2016 年 11 月 30 日列入联合国教科文组织人类非物质文化遗产代表作名录。二十四节气是人与自然经过长时间的接触总结出的规律，用于指导人们的农事活动。千百年来，二十四节气已成为人们生活的一部分，人们传承和延续着节气文化，形成了独特的民俗和文化现象。

“美育者，一面使人之感情发达，以达成完美之域；一面又为德育与智育之手段。”王国维如是说。节气文化中正含有这样一种美育价值。人，是节气中的核心要素，联通了人自身与他人、自然、社会，建立起一个相互作用的节气结构。没有一年的“春分”是完全相同的，但也没有一年的“春分”是完全独特的。学生在接受节气文化熏陶过程中，了解的不仅仅是“节气”，更是历史中对节气共有的那部分情感，是长久居住在这片土地的“人”的生存状态。

节气文化具有综合性、完整性的美育价值。“综合性”指节气文化教育从其内容、表达方式、活动背后的精神内核等方面为学生构建了一个从内容到形式，再到意义的、各要素相互作用的学习结构、探索过程。“完整性”指节气文化教育是以学生个体的成长需要为前提，从“教什么、如何教、为什么这么教”三个维度去实现育人价值。班级节气文化活动作为学生学习的精神材料和综合学科“基本结构”，能满足学生多层次学习目标和个人发展的需要。

学校中的节气教育活动有助于实现教育教学活动从教师教书育人到学生自觉成长的转变。这一转变包含两方面：其一，活动的核心主体由教师向学生转变。学校和教师作为指导性和保障性力量，从整体上统筹规划活动设计，帮助学生搭好学习的“脚手架”。其二，节气相关活动中所蕴含的客观的及实践性的知识，由外在世界转向学生内在的精神存在。学生的成长以节气活动作为载体和学习材料，在既有生命状态的基础上，建立起新的“图式”和知识结构。

节气教育促进参与主体的生命和谐。节日的主要功能是和谐人、自然、社会这三大要素相互作用构成的四对关系。人通过了解自然现象，尊重自然知识和规律，与自然和谐相处。节气教育活动通过其独特的物质表征、仪式表达和精神内核，使得蕴含其中的传统文化、自然之道、为人处事之理跨越时空阻碍，浸润人的内心。集体的仪式活动、共同的符号系统和物质系统，使人在具体实践中认识自己，与他人和谐相处，尊重自然及客观规律，进而实现个体的生命和谐。

传统节气文化中的美育价值如何转化到学生个体内在世界？这需要我们先思考美育价值如何从理论层面转化到具体的教育实践中。教育理论和实践的“交互生成”关系是一种综合融通的思维方式，是基于“转化逻辑”的一种理论创新。基于此，我们在着力探索传统节气文化中的美育价值时，也要思考如何在实践中转化“落地”，具体影响小学生的审美素养。

审美素养是个体在审美经验基础上积累起来的审美素质涵养，主要由审美知识、审美能力和审美意识三要素组成。其中，审美知识是基础，审美能力是核心，审美意识是灵魂。在小学阶段学校要尤其注重对学生审美能力的培养，正确认识并尊重学生个体审美素养的特殊性及其特有的发展规律。节气教育中包含有大量相关知识，这些知识在学习社科类课程，如在语文的诗词学习上有巨大作用，可以帮助学生更自如地领悟诗意、更明确地了解作者的创作背景，也帮助他们在脑海中生成更具表现力的图景。这部分知识对小学生来说不是可有可无的，在记忆力最强的年纪，他们可以储存很多的知识。如何将这些知识转化为审美知识，这就是节气教育的必要性。同样，审美能力不是一朝一夕形成的，如果省略了感悟的时间，那所有的情感都只停留在了文字表面，深层次的话语引导或实践必不可缺。根据新课标所说：“语文是实践性很强的课程，应着重培养学生的语文实践能力，而培养这种能力的主要途径也应是语文实践。”在语文实践中，最重要的是“用”，“用”是建立在有足够积累的基础上的。学生除了在校园里观察、实践，还可以在一次次旅行等活动中触发感悟。

学生个体在节气教育中的成长必然是缄默的、内隐的，同时也是稳定的、具体的、渐变的，这和美育给学生带来的变化不谋而合。关注学生心理的成长、审美的进步，是教师义不容辞的责任。

“双减”背景下小学语文作业设计的新思考

陶然亭小学　米雪茹

“双减”政策出自《关于进一步减轻义务教育阶段学生作业负担和校外培训负担的意见》，是我国在十九大之后对教育界的一次整顿，其目的主要是“着眼建设高质量教育体系，强化学校教育主阵地作用，深化校外培训机构治理，坚决防止侵害群众利益行为，构建教育良好生态，有效缓解家长焦虑情绪，促进学生全面发展、健康成长”。其中重点提出要全面压减作业总量和时长，减轻学生过重的作业负担。

在“双减”政策的背景下，学校教育的各项工作都面临着重大挑战，作业的管理与设计是重要的一项。作业是促进学校发展，提升教学、评价质量的重要支点。提升作业设计质量是减轻作业负担、实现减负增效的关键。

减负提质，建设良好的教育生态是“双减”政策的核心要义。总的来说，现阶段作业设计有五项新要求需要我们注意。第一点是健全作业管理机制。学校要完善作业管理办法，加强学科组、年级组作业统筹，合理调控作业结构，确保难度不超国家课标。第二点是要分类明确作业总量。学校要确保小学一、二年级不布置家庭书面作业，可在校内适当安排巩固练习；小学三至六年级书面作业平均完成时间不超过60分钟；初中书面作业平均完成时间不超过90分钟。第三点是提高作业设计质量。发挥作业诊断、巩固、学情分析等功能，将作业设计纳入教研体系，系统设计符合年龄特点和学习规律、体现素质教育导向的基础性作业。鼓励布置分层、弹性和个性化作业，坚决克服机械、无效作业，杜绝重复性、惩罚性作业。第四点是加强作业完成指导。教师要指导小学生在校内基本完成书面作业，初中生在校内完成大部分书面作业。教师要认真批改作业，及时做好反馈，加强面批讲解，认真分析学情，做好答疑辅导。不得要求学生自批自改作业。第五点是科学利用课余时间。学校和家长要引导学生放学回家后完成剩余书面作业，进行必要的课业学习，从事力所能及的家务劳动，开展适宜的体育锻炼，开展阅读和文艺活动。个别学生经努力仍完不成书面作业的，也应按时就寝。引导学生合理使用电子产品，控制使用时长，保护视力健康，防止沉迷网络。家长要积极与孩子沟通，关注孩子心理、情绪，帮助其养成良好的学习生活习惯。寄宿制学校要统筹安排好课余学习生活。

这些新要求都是党和国家针对过去义务教育阶段中存在的问题提出的切实可行的改变之法，教师应在学习的基础上理解，在理解后尽快应用到自己的工作中去。

每一个年级的孩子都有自己的特点，小学低年级作为义务教育中的第一学段，记录学生从幼儿时期到学生时期的转变，多项学习习惯的养成都需要在这一阶段得到相应的落实，教师要重点培养、发展学生的学习兴趣。在过去，我国低年级语文作业布置虽注意到了这些特点，但在很多方面并没有得到具体落实，存在呈现类型单一、缺乏差异性、难度过高或过低的问题。“双减”政策的落地，再次将这个问题拉回大众视野。

在小学语文五大内容领域中，低年级教师一直以“识字与写字”为重点，所以在教师课堂作业的布置中大多以古板的作业模式为主，如抄写生字词、默写等，更多的教师则直接选择某本辅导练习册或练习卷作为平时的课堂作业。这种布置作业的模式极为单一，限制了学生课堂所学与现实世界的关联，是一种被动学习，忽视了学生在学习中的主体地位，无法切实提升自我能力。

小学阶段教育的初衷是培养学生的学习兴趣，教低年级的老师更是要把握好作业的尺度，不能将其变成架在学生脖颈上的“利剑”，而要更多地发挥作业巩固、开阔学生知识的一面。趣味性是低年级作业布置不可忽视的一点，生动活泼的内容可以激发学生的学习热情，具有形象感的人物指引可以提升他们的感性认知，而现实中的很多作业缺乏灵活的形式和内容，限制了低年级学生个性化的表达，也扼杀了学生弥足珍贵的创造力。

小学低年级作业的难度一直以来都是比较难把控的，因为这个年龄学生的学习和家长、环境等因素联系比较密切，所以教师极有可能会出现以偏概全的现象。如果作业过于简单，会无法达成延伸学习的目的；但作业过于困难，也会导致学生产生依赖心理，甚至逐渐丧失自信，厌恶学习。每一个学生都是不同的，基础情况以及对知识的吸收、理解程度不同，所适合的学习方法也有区别，这种作业设计无法让各个学生得到符合自己现阶段学情的作业构成。

依据“双减”政策下作业设计的新特点，以及其对过往低年级作业设计的修正作用，可以发现低年级语文课堂作业设计上也出现了新特点，分别是：目的性、层次性、丰富性。这些新的特征是教师在布置课堂作业时的重要参考。

第一，目的性。根据“双减”政策提示，教师要合理调控作业结构，确保难度不超国家课标。这帮助教师确定了在作业布置中难度的设置要依据课标来定，不设计超出课标的题目，围绕当前阶段所学去带领学生巩固，具有清晰的目的性。这说明要重视每篇课文在单元中的位置及作用，以落实人文主题和语文要素为目标。

以部编版二年级语文上册第四单元为例，《登鹳雀楼》《望庐山瀑布》《黄山奇石》《日月潭》《葡萄沟》几篇课文的设计都是为了让学生领略祖国的大好河山，体会家乡之情。那教师在设计课堂作业时就要注意对学生情感的引申，比如通过多种方式向其他人介绍一下你的家乡。此单元语文要素是“初步结合上下文理解词语的含义”，这就需要打开学生的思路，让他们在自己平时阅读的过程中去尝试运用这种方法，并在之后的课堂上进行交流与分享。

第二，层次性。这一特征来源于“双减”政策对现阶段低年级作业布置的两点提示。首先是学校要确保小学一、二年级教师不布置家庭书面作业，可在校内适当安排巩固练习。其次是发挥作业诊断、巩固、学情分析等功能，系统设计符合年龄特点和学习规律、体现素质教育导向的基础性作业。层次性的区分不是为了以成绩分化学生，而是将学生的终身学习纳入计划，结合学生现阶段特征去有针对性地给予学生一定的客观帮助。这些层次分明的作业同时也是弹性和个性化的作业，坚决克服过往机械、无效的作业形式，重复性、惩罚性作业更是被严令禁止。

以部编版一年级上册五单元的一篇课文《日月明》为例，作为识字单元的一篇课文，它希望学生在本课初步了解会意字，全体学生都需要认识课内 11 个会意字，会写 5 个会意字，但同时也有部分学生会对“会意字”本身感兴趣，他们就可以在教师指导下通过查字典、读课外书等途径去寻找更多会意字，形成自己独有的知识体系。部分学生对课文最后的“众人一条心，黄土变成金”深有感触，教师要引导他们整理自己的想法，可以在班会课上向其他同学介绍，整合学科教学与德育，促进学生全面发展。

第三，丰富性。在减少了学生不必要的作业时间后，他们的课余时间会大量增加，契合开展丰富性作业的需求。低年级语文课虽然不能有书面作业，但在这一时期要着重培养学生良好的学习习惯、读书习惯，可以自选喜爱的书籍进行阅读，也可以为自己感兴趣的人物配上一幅插图。在生活中积累的每一份感悟都是学生未来成长的无价之宝。

基于多元智能理论，对小学语文低年级作业设计进行了新思考。多元智能理念是一种关注孩子个体差异，以终身成长为目标的理论。在“双减”背景下，多元智能理念再次焕发生机。抓住每个学生的个性，坚持以学生为本进行小学语文作业设计，同时基于小学低年级作业设计的新特点，将个性与现状相结合，分层布置作业，将变量与变性相结合设计多元化的作业，将人格的树立作为主要目标，建立相应的作业评价机制。

心理学家霍华德·加德纳在《智力的结构》中提出了多元智能理论，人在不同程度上拥有不同类型的智能：言语——语言智能、逻辑——数理智能、视觉——空间智能、身体——动觉智能、节奏——音乐智能、交流——人际交往智能、自知——自省智能，后又添加了一类“自然智能”。基于多元智能理论的学校教育，其宗旨是开发多种智能并帮助学生发现合适其智能特点的业余爱好，这需要教师在教学中调动学生的主动性，及利用多元智能为切入点为学生提供多元发展的途径，并使教学与学生的现实生活以及将来的生活真正关联。

在义务教育课程改革不断发展且渐趋完备的近五年，在教学中运用多元智能理论已经有了经验。《义务教育语文课程标准（2011年版）》明确指出，培养目标要围绕学生的语文核心素养展开，在立足于学生个性发展的前提下，通过改革教学方法，引导学生形成创新型、合作型、自主型的学习形式，给学生自由发展的空间，以实现学生综合性发展的教育目的。在“双减”政策提出的背景下，多元智能理论中重视学生终身发展的一面更应被再次挖掘。作为教学活动中的一环，作业设计对学生发展有不可忽视的作用。

（1）多元智能理论强调以学生为本。鉴于国内教育大环境的改变，新时代教师其实已经逐渐形成了以引导者为主的身份意识，多元智能理论可以强化这一点在教学教育中的应用，针对学生的个体差异因材施教，给予学生更多自主的发展空间。

（2）多元智能理论促进作业设计的多样性。这提示一线教师在教学内容和作业的设计中都需要分层考虑，从而促使学生的知识与能力向深度与广度上发展。

（3）多元智能理论注重对学生实际能力的培养。从学生实际出发布置相应的任务，引导学生在生活中留心观察生活，在生活中提高自身的认知能力。

分层设计是根据多元智能理论中的学生主体差异性特征，将以前统一尺度、统一模式的作业改为有差异性和有梯度的作业。教师要根据学生主观特质、实际情况、教学内容进行分层作业设计。

（1）根据学生主观特质分层。以发展学生多元智力为出发点，教师面临的学生情况是各不相同的，这时候学生的主观特质就需要特别注意，据此进行分层作业设计。

（2）根据学生实际情况分层。在实际教学中，智力并不是衡量学生水平高低的唯一因素，在现实生活中解决问题的能力更需要教师去关注。从全体学生的领悟知识能力、思维灵活程度、基础知识强弱几个维度，我们可以进行浅显分层，分为几个需要不同类型强化的小组，争取每个学生都能得到多元智能的发展，取长补短。给予学生选择作业的权力，作业构成为“必做作业＋鼓励做的作业＋选做作业”，教师要依据学生实际，设计符合所任教班级学生实际情况的作业。

（3）根据教学内容分层。在低年级语文教学中常以“识字”为重点，在第一课时进行“随文识字”，在第二课时展开对文意的学习，明显区分出教学内容的层次。例如，在部编版语文二年级上册六单元《八角楼上》，第一课时需要认识“楼、争、代”等十个字，会写“楼、年、夜”三个字，所以在第一课时的学习中无疑是以识字教学为核心的，在布置作业时就要重基础。在第二课时中，学生虽还需要写“披、利、轻”三个字，但是重点已经转向了课文内容，要理解“夜幕降临、凝视”等词语的含义，学生的作业难度也随之加大，即自己可以说出相关词语的含义。考虑到课文主题的深度，进一步体会毛主席在艰苦的环境中忘我工作的精神就是难点。对习得知识能力比较弱的学生放低要求，同时对习得能力较强的学生做延伸学习的要求。每篇课文的教学都有诸如此类的分层后，相信学生的智能发展就可以稳步提高。

除了课时内容的分层之外，在“大单元整体教学”中，课文教学内容不再是互相平行的两条线，它们有交会，也有分别。对于统一的“单元主题”或“单元语文要素”，教师要切实提炼每篇课文中的共性，在“帮、扶、放”的要求下先带领学生精学，然后给予学生提示，自己尝试去寻找答案，最后放手让学生自己来阅读总结。如部编版二年级语文上册五单元对学生的要求是“简单复述故事”。在每一课的课后题中都出现这个要求。

为破除以往以书写为主的低年级语文作业布置模式，“双减”政策提出作业设计要体现多种类型，激发学生作业兴趣。除了常规书面作业外，还应该设计听说题、活动题、合作题、开放题、综合实践、长周期等类型的作业。以多元智能理论的异质分层为根据，要对学生有全面的了解，以一定的测试为基础样本、学生的日常表现为前提，集合“量”与“性”的变化进行多元化的作业设计。

在进行量的变化之前一定要对学生有一定的了解，最好是对他们的基础、能力进行全方位的测评后得出相应的阶段性结论，并依此将学生分成三组进行作业设计。第一组需要减少作业数量，增加更多融合性、探索性的任务，自主挖掘生活中的相关资料，拓宽知识面。第二组增加作业数量，在基础之外进行有一定难度的题目练习，建立自信，塑造知识结构。第三组减少作业，重抓基础，并降低难度，以激发向上心和学习兴趣为主要目的。总体来说，教师要站在全局去把握班级学生的差异，结合个性进行量的增减。

新课标提示教师，生活化的课程能够反映生活世界的多元化和多向度，能够帮助学生形成生命意识和主体意识，形成社会综合实践能力以及较强的社会责任感，将人文精神展现到语文教学中，兼具人文感性与科学理性。在语文作业设计中教师要考虑到与学生生活的结合，将语文作为一门综合性学科的深度挖掘出来。观察生活、树立积极向上的人生态度是学好语文的必要途径，教师可找寻学生生活中感兴趣的报刊图文让学生广泛交流，充分阐述自己的理解。“用多种方法记字”是所有语文教师会引导学生去了解、掌握的能力。编儿歌、口诀记字调动了学生的节奏智力，结构分类记字则调动了学生的空间智力，组词记字调动了语言智能，发挥了语言的作用。生活化的作业设计能反映生活世界的多元化和多向度，能够帮助学生形成生命意识和主体意识，能让学生形成社会综合实践能力以及较强的社会责任感，将人文精神展现到语文学科中，兼具人文感性和科学理性。

变量、变性，但是对待学生的那份心是永远不变的，以学生为主体这一出发点始终不会改变。

之所以将低年级语文作业的评价着眼于学生人格化的成长，是因为这个年龄段学生的特点不可忽视。他们是不成熟的、易于塑造的，甚至可以称之为“空白”的，他们的社会化活动才刚刚开始，他们的受教育经历却参差不齐，这里的教育指的是“家庭教育”，所以呈现在教师眼前的是几年家教的成果。只以课堂所学来评判他们是不公平的、片面的，既违背了多元智能理论，也违背了“双减”对学生健康成长的要求。

人格化的评价很好地弥补了这一点。“作业评价是与学生的学习过程成正比的，学生在教学活动中呈现出来的态度越积极，得到的评价就越高，反之，越消极就越低。所以，要想学生拥有积极的学习心态并逐步建立自信的价值取向，教师应该建立一套公正的评价体系。”面对不同的学生，教师的评价标准也应该不一样，因为他们作业的内容与质量也不尽相同。只有以激励为目的的评价可以产生正向的驱动，让学习能力强的学生勇于去追求更好的，让学习能力在这一阶段相对较弱的学生产生自信、迎头赶上。一朵小红花、一面小红旗，或者只是一次上台展示的机会，都会让低年级的学生有不一样的学习体验，产生学习兴趣，这种兴趣对孩子的影响比一次看似公正的“批评”更加有效。

低年级语文作业在“双减”背景下更侧重于“听、说、读”这三方面，教师的评价就要做到更加全面，形成性的综合语言更适合作为一种长效评价的语言体系。如在一次绘本阅读后让学生分组交流，说说自己知道了什么，最喜欢的人物是谁，或者受到了什么影响，深层次的剖析会带动学生的内在学习潜力，这时教师充满激情、积极的评价适时插入，人格影响的一步就走出去了。教育的最终目的并不是学生知识掌握的多少，新时代对青少年的要求是更高的素质、更高的素养，这一切的前提都是学生人格的养成。

在“双减”背景下，多元智能理论也有了与教育交融的新的一面，将个性与现状相结合分层布置作业，将变量与变性相结合设计多元化的作业，将人格的树立作为主要目标建立相应的作业评价机制，这会是未来作业设计发展的新趋势。

最后，学校作业体系不是永恒不变的，而是要根据对学生完成结果的分析诊断，不断完善改进。教师可以通过学生实际的作业结果、作业感受来反思并完善作业体系，甚至是通过学生的“出声思维”来判断作业设计本身的问题。分析学生实际完成作业结果，有助于发现学生学习中存在的问题，并在后续的教学、个别化辅导中及时给予帮助和指导，而且还有助于反思作业设计本身存在的问题，改进作业设计。

小学语文低年级课堂即时言语评价研究

陶然亭小学　米雪茹

双减背景下，如何“向课堂要质量、向课堂要成绩”，是所有教育者、学者关心的问题，而在一节低年级的语文课中，除书写外，占比最多的就是老师和学生的对话。这些对话又分为两个方面：主要集中在问答上，其次是对班级纪律的管理。如何利用好课堂问答，就需要我们思考。

小学低年级的语文课是充满个性色彩的教育活动，尽管学生年龄还很小，心智发育还很不成熟，但是他们也有自己独立的人格、需要与尊严，且具有发展的自身动力机能。在往期实践中，明显发现课堂即时评价的主动权一直掌握在教师手中，并且由于学生的年龄特征和传统班级课堂的结构，当教师在针对个人行为、语言进行评价的同时，很少能兼顾全班学生的反应。大多数时间内，这些学生处于大脑空白状态，在教师评价后直接对应“好”或“不好”两种模式，造成学习过程的中断。言语评价作为学生首先感知到的信息，无疑在课堂即时评价中占据主要地位。在教学过程螺旋式前进的过程中，只有对学生课堂中的学习状态、问题回答情况、学习的困惑等做出及时、有效的回应，给予相应的情感关注和认知支持，才能保证课堂的连贯性。

在前期，笔者查阅了相关文献，对“课堂即时评价”和“小学语文课堂评价”都进行了一定了解和资料的收集。言语评价就是教师在课堂上对学生的学习态度、课堂参与、知识理解等方面的点评语，是课堂即时评价中使用频率最高、使用最为广泛的表征形态。

观察课例呈现表

授课教师	年级	课例	授课类型

A教师《小公鸡和小鸭子》课堂即时评价：

老师：现在请两名同学来分角色朗读，分别扮演小公鸡和小鸭子。

学生A、学生B：不行，不行……

老师：读得好不好？

学生：好！

老师：老师也觉得他俩表演得很好，把画面呈现在我们眼前了呢，来，掌声给他们！（师生鼓掌。）

B教师《传统节日》课堂即时评价：

老师：谁能给大家读一读？

学生A：春节到，人欢笑……

老师：非常好！谁还能再来读一读？

学生B：春节到，人欢笑……

老师：大家说好不好？读得太棒了！我们一起来像他那样读一读。

笔者《找春天》课堂即时评价：

老师：小草从地下探出头来是什么样子的？

学生A：伸着脑袋，会特别用力的样子。

老师：好，还有人想到小草的样子吗？

学生B：小草是很可爱的，可能有点害羞。

老师：这是我们可以从“探”字里感受到的小草的样子。

这是课堂观察中三名教师课堂即时评价中的代表性片段。事实上，在记录的6节课中，教师都会对学生的问题回答、朗读和学习表现进行表扬和激励，都能有意识地在自己的教学评价中从不同的角度对学生进行言语上的激励或者动作上的赞许，激发学生学习的热情。同时，笔者发现每名教师在进行表扬时其表扬语言中都有一些固定化的内容，如“说得很棒”“说得好不好”“非常好”，以及特定的动作或者手势如鼓掌、微笑等。

同时，在这几节课中也发现教师有忽略评价的情况。有时学生尽管充分参与了发言，表达了对问题的看法，教师却选择以简单的“坐下”“下一位同学来讲”等流程式的话语对学生的回答一语带过，没有进行实质性点评。这种情况大多是教师没有合理地安排好教学时间或者对课堂节奏的把握不当造成的。

基于以上观察总结，目前小学语文低年级课堂即时言语评价存在以下问题：

第一，鼓励性言语的滥用与否定性评价言语的缺失。

第二，学生个体评价言语与群体评价言语缺乏区分。

第三，对知识性内容的过度评价与对学生情感关注的缺乏。

第四，学生评价的缺失。

在后期的实践中，笔者针对以上主要问题对班级内部语文课堂进行改变，着重调整、记录课堂即时言语评价、相应学生及时反应，以及部分学生的短期改变。

将鼓励性评价语言和否定性评价语言融合在一起，在不同的教学情境中迸发出更为理想的课堂效果。如：“这位同学回答得没错，不过这个想法我们刚才已经说过了，我们是不是可以试着从其他角度去思考一下呢？说不定会有新的发现。”“对这个句子的赏析可以从具体字词和修辞手法的使用效果两个方面来看。”“不错，你这又是另外一种观点了，是结合图片来理解这句诗的，值得表扬。”这类点评包含对学生学习方法的指导和思考结果的点评，在引起学生反思的同时对其他同学也产生教育作用，激发学生的探索性思考，帮助学生了解新的学习方法，养成良好的思考习惯。

在对学生的知识掌握情况进行评价时，通过即时点拨，具体指出学生学习上的不足之处并帮助学生寻找新的思路，能引导学生找到问题的切入点，掌握有效的学习方法。

除了认知评价之外，对学生进行学习态度、学习习惯的点评，也能起到引导作用。在一节课开始的时候，对作业完成情况的点评，能够起到端正学生学习态度的作用，如：“昨天的课后作业大家都完成得不错，有一些同学特别值得表扬，提前做了预习。这对今天的学习是有很大帮助的，老师感到很欣慰。”这不仅能对被表扬的同学起到激励作用，更能引起其他同学的反思，引导他们向榜样学习，养成预习的好习惯。

课堂即时评价根据评价对象的多寡可以分为集体评价和个人评价，集体评价又包含了小组评价和班级评价。由于评价对象存在一定的区别，对教师的点评也就产生不同的要求。教师要认识到对班级进行评价时的凝练简洁、小组评价时对合作学习过程的点评、个人评价时的针对性。对班级整体的课堂即时点评多出现在课前和课尾，教师通过课堂即时评价对班级同学的课前预习、知识准备程度以及一节课的教学效果进行了解，目的在于诊断学生的学习状态，进而调整教学节奏，把握教学重、难点。对班集体进行课堂即时评价时注重知识性评价，评价语言要凝练、有总结性。当评价对象是合作学习小组时，教师的课堂即时点评除了关注小组讨论结果之外，也应该将关注点放在对学生合作学习过程中的分工、讨论等学习方法上的指导上，帮助学生领会合作学习的要点。

在评价学生个体时，则需做到因材而评。就学生的接受能力来讲，对接受能力较强的学生，教师的课堂即时评价应该加强针对性、指明学生的问题所在，帮助学生及时纠正问题，对接受能力较弱的学生，即时评价则可以点到为止，多留给学生自我反思、自我更正的机会，通过课后谈话以及沟通，潜移默化地对学生进行帮助。

学生发展表现在各个方面，课堂即时评价内容应涵盖学生发展的方方面面。小学语文课堂即时评价的目的，除了促进学生的学习和提高课堂教学的有效性，还应该包括帮助学生养成良好的语文学习习惯、掌握学习方法，帮助学生获得积极的语文学习体验，激发学生的语文学习热情。

这需要教师在评价过程中认真观察学生的表现，关注学生的语言表达是否连贯流畅、对问题的反应速度、分析问题的方法。在学生学习态度方面，教师要关注学生课堂中的听课神态、面部表情、举手发言的次数等，根据学生的听课专注度和听课中出现的问题即时点拨、调控课堂。这些对学生之后的语文学习都发挥着潜移默化的影响，是语文教学过程中极易受到忽视却又极其重要的内容。

在《神州谣》一课的教学中，笔者将评价更改为如下内容：

老师：好，通过刚才对课文的理解，现在我们来齐读一下这首诗。

学生（语气略显低沉）：我神州，称中华……

老师：等一下。作为一名中华儿女，我们为自己祖国的大江大河无比自豪。请大家坐正了，挺胸抬头，声音才能更洪亮，读得才有气势。

学生（坐端正，声音洪亮）：我神州，称中华……

另一方面，课堂评价必须关注学生的情感体验，这也是教师教学机智的体验，此时的教学机智表现为对孩子体验的理解。这些情感因素包括学生对学语文学习价值的看法、对自我的认识，以及对学习过程中自己与同伴关系的看法，等等，都会极大地影响学生的学习动机、学习兴趣、学习行为和学习情感。在小学低年级课堂上，每一位学生都需要老师的表扬和同伴的肯定，这是学生投入学习状态的心理依托。作为教师，即时评价要关注和引导学生的学习情感体验。

教师的权威性易对低年级学生造成极大的影响力，这就需要教师先转变自身的课堂评价方式，改变独断型的课堂管理方式，以民主型的课堂形式下放自身的权力。教师通过合理的民主形式对学生的课堂学习提供助力，使学生处在轻松愉悦的环境之中，最终形成良好的课堂氛围。在低年级语文课堂教学中，教师可以偶尔让学生担任课堂即时评价的主体，对同伴进行评价，以调动学生参与学习的积极性，也让更多的同学参与思考，不过为了保证学生互评的效果，教师需要对学生进行指导。

同样是《传统节日》一课的教学，笔者将评价更改为如下内容：

老师：我们试着带着这种喜悦的心情，再来读一读第一句。

学生A：春节到，人欢笑……

老师：读得怎么样啊？

学生B：有点儿断断续续的，声音有些小。

老师：嗯，老师也听出来了，那你来试试。

学生B：春节到，人欢笑……

老师：声音洪亮，嘴角上翘，真是令人高兴的日子啊！请坐。

老师引导学生互评，并展示自己的朗读，在同伴之间形成了良好的互相促进、良性竞争的学习氛围，体现了学生互评的独特价值。

教师课堂即时评价言语除了课前的准备外，教师的长期经历是不可忽视的一部分。在实践过程中可以明显，发现经验丰富的老教师在课堂即时言语评价的选取中是更具有全面性和多样性的，所以教师的自身言语评价能力是需要不断提升的。作为小学语文教师，尤其要注意提升自己的言语评价能力。小学低年级语文课堂上，教师要通过言语评价对学生注意力的分配和管理进行引导，对学生的语言发展进行熏陶，因此教师首先应该做的是不断地丰富自己的语言，提高自身的语言素养，在平时教学中多观察学生，了解学生的课堂需要，丰富自己的评价语言体系，在观摩课中多学习有经验的教师的言语评价，逐渐形成具有个人特色的言语评价体系。

作为教师要更加注重理论学习，及时更新评价体系。积极参加学校或者校外组织的关于即时评价的理论学习课、教学观摩活动，不断地丰富自己对课堂即时评价的认识。除此之外，教师也可以通过对相关研究成果进行研读、分析，在学习的过程中结合自身语文教学经验加深体会，巩固学习结果。只有建立在标准化评价体系上的实践才能帮助学生更好地接受一堂课，才能支撑教师走得更加长远。

小学数学课堂中的教学语言美

苏霍姆林斯基认为，教师的语言在很大程度上决定了学生在课堂上的脑力劳动的效率，教师高度的语言修养是合理利用教学时间的重要条件，教师的语言是一条纽带，是一种什么也代替不了的影响学生心灵的工具。“教师的嘴就是一个源泉，从那里可以发出知识的溪流。”教育家夸美纽斯的话也印证了语言对一个教师的重要性。为此，在小学的数学课堂上，教师应该善于运用准确、规范的数学语言，让学生树立学习数学的意识，了解数学的规范用语；教师应该善于运用自身语言美的魅力，建立与学生之间和谐友好的关系，增加学生对自己的喜爱程度，提高学生对数学的学习兴趣。

数学是一门极富逻辑性的学科。在数学教学中，教师要正确措辞，采用规范、严谨的学科语言进行授课，通过用词的严密性、准确性帮助学生理解数学思想，掌握数学的学习方法。然而，有些教师对数学用语的准确性、规范性过于追求，在授课时也就缺乏了灵活性，导致学生对数学的学习产生了厌倦之情。数学课堂上缺乏幽默性、激励性、鼓励性强的语言，导致学生与教师之间产生了一定的隔阂，学生对教师产生了一定的距离感，影响了课堂效果。教师无法扮演学生学习中的良师益友，导致学生对数学的兴趣不高，学习数学缺乏主动性。

斯托利亚尔在《数学教育学》一书中指出，数学教学也就是数学语言的教学。由于数学语言是一种由数学符号、数学术语和经过改进的自然语言组成的科学语言，因此在数学教学中，教师一般不宜直接使用数学语言作为讲授语言，尤其在小学阶段，我们必须根据孩子的知识基础和心理特征，将数学语言转化成容易被学生所接受的语言，即采用数学语言和教学语言融为一体的语言——数学教学语言。教师的课堂语言美多种多样，语言美既体现了教师的教学能力，又和教学效果的好坏紧密相连。教师在教学中一定要注意语言的自控、尽量不出现语病、体态要合理运用等，不然将直接影响到学生学习的积极性，达不到数学教学的目的，更不用说提高教学质量了。所以笔者在教学实践中不断探索，不断总结。

一、美的教学语言具有感染性

“感人心者，莫先乎情。”教学是一门艺术，美的教学语言首先是教师内心真实情感的自然流露，教师是否全身心投入，是否充满热情，直接决定学生参与学习的积极性。教师通过自己的语调、表情、眼神传递自己的情感，启发学生的思维，实现教学过程的积极化，促进抽象知识的形象化，从而达到教学目标。教学语言同时也包括了肢体语言，如课堂上每一个期待的目光、会心的微笑、赞许的点头、亲切的抚摸，都会使学生感到爱的鼓舞。新课程理念最大的难度是挑战教师的综合素质，一个优秀的数学教师不光要具备深厚的专业功底，还必须是一位一流的演员。例如，在有学生讲话时，可说：“今天同学们真安静啊！看哪一小组保持得最久。”若发现有学生打瞌睡，则问他：“你梦见吃汉堡了吗？味道怎样？”如此一来，课堂气氛马上就活跃了，学生的注意力自然也就集中了。老师达到了批评的目的，学生又不会反感，可谓两全其美。我们每个老师都要去琢磨语言的问题，并不是仅仅一句“你真棒”“你真行”就行了。

二、美的教学语言具有科学性

数学是一门非常严密的科学，概念、性质、法则、公式的叙述、说明和应用，都必须使用规范、准确的语言。小学阶段，由于一些概念还仅仅是描述性的，教师如果妄下定论，就容易使数学语言不严谨，可谓差之千里，谬之千里。教师在上“直线和线段”一课时，想通过提问让学生总结出直线的特点，老师问：“直线从头到尾有没有端点？”学生答：“有。”本意是想通过设问强化直线没有端点，但“从头到尾”一词产生了误导，使答案意思相反，更模糊了学生对“直线”一词的理解。因此，数学教师一定要语言精练，少说废话，才能提高效率，用最少的语言表达更丰富的内容。

数学教师对概念、法则、术语的叙述要准确，不必让学生产生疑问和误解。为此，教师要做到如下两条：一是对概念的实质和术语的含义必须有个透彻的理解。例如“整除”与“除尽”，“数位”与“位数”，“增加了”与“增加到”等，如果术语混为一谈，就违背了同一律。有的教师指导学生画图时说“这两条直线画得不够平行”“这个直角没画成 90 度”等，这就违背了矛盾律。二是必须用科学的实语来讲解。比如，不能把“垂线”说成“垂直向下的线”，不能把“最简分数”说成“最简单的分数”，等等。语言除了具有准确性之外，还应有规范性的要求。如说话吐字要清晰，读题语句要分明。语言干净利落，重要的话不冗长，要抓重点，简捷概括，有的放矢；要根据小学生的年龄特点，说他们容易接受和理解的话语；要准确无误，不绕圈子，用较短的时间传递较多的信息。

三、美的教学语言具有趣味性

夸美纽斯认为，兴趣是创造一个欢乐和光明教学环境的重要途径之一。幽默、风趣的语言是课堂教学的润滑剂。培养一定的幽默感和教育机智，是调节师生情绪状态所不可缺少的有效方法。实践证明，富有幽默和教育机智的教师容易实现对课堂教学的有效控制，更善于缓和工作中的紧张局面，也更能以一种积极、乐观的态度来处理矛盾，从而造成一种良好的教学氛围。如，学生发表见解时，难免会心情紧张，出现语言结巴、词不达意的情形，特级教师吴正宪老师总是说“不急，不急，孩子不急”来缓解学生的紧张心理，使发言的学生摆脱窘境，顺利地说出自己的想法。如教师在教学“认识射线”一课时，在学生知道了射线的特征后，教师让学生举例说说生活中的射线。老师：“我们可以把手电筒和太阳等射出的光线都看成是射线，你还能举一些射线的例子吗？”学生：“手电筒和太阳射出的光线不是射线，是线段，因为被东西挡住了。头发是射线。”（全班同学都笑了。）老师：“你们有疑惑吗？”（绝大多数同学感到有疑惑。）老师：“那我们来假定一下，假如你的每一根头发都是朝着它自己的方向笔直地长，再假如你长生不老，而且永远不剪头发，那么你的头发就是射线。”这位学生的创新意识和敢于质疑问难的勇气难能可贵，这位教师的教学机智更令人折服。面对这突如其来的问题，教师幽默地用了“两个假设”，为孩子们营造了轻松、愉快、自由、安全的心理氛围，既让学生认识到了自己所举例子的片面性，又很好地维护了孩子的积极性，更重要的是使其深刻地理解了射线的本质意义。所以说教师必须用美的教学语言去教学，这样才能有助于学生去理解新知识，接受新知识。

四、美的教学语言具有启发性

威廉说过，平庸的教师只是叙述，好的教师讲解，优秀的教师示范，伟大的教师启发。教师富有启发性的语言，是调动学生学习主动性、积极性，发展学生智力的有效手段。要发展学生思维能力，关键在于启发并鼓励学生质疑问难。教师要精选带有重点、关键且学生感到困惑、易错的地方，并以简洁、明快的语言去启发学生。这时，教师应注意开导学生的思路，切不可越俎代庖，先把结论交给学生。这就要求教学语言应当耐人寻味，发人深思，含蓄不露，达到富有启发性的效果。例如，在讨论一道估算题时，先在情景中出示两个数据：一件上衣 87 元，一条裤子 94 元。“你们想要这两样东西吗？”“买这两样东西，你们估计要多少钱？”“还有其他的估法吗？”“这也是一种估法，但与前面相比，哪种方法好？为什么？”“怎么列算式？”“87 + 94 = 181，是这样吗？”“老师把算式中‘=’改成‘≈’，这就是今天要给你们介绍的新符号——约等号。”“它很好看，你们想一想，它像什么？”

五、美的教学语言具有生活性

小学生的理解能力还不够强，他们的形象思维能力强于自身的逻辑思维能力。因此，在小学数学课堂上，教师应该力争教学用语的生活性，降低学生学习数学的难度。在授课的过程中，教师应该注意由浅及深地向学生传授知识，让学生逐步提高自身的理解能力。针对小学生这一群体，数学教师应该善于根据学生的兴趣，利用生活中的例子来讲述数学知识。例如，一堂计算教学课，如果教师单纯地让学生进行加减法的运算，学生参与的程度就会较低。但是如果教师利用生活中的例子，如老师说：“小朋友们，你们逛过商店吗？谁来说一说逛商店的一些经历和体会？”“这个星期天，我们的好朋友淘气和妈妈一起来到商店买玩具。妈妈给淘气 24 元钱，让淘气自己挑在 6 元至 9 元之间的玩具，可以怎样买？请你们同桌合作选一选，看有哪些不同的买法。”然后，让一个同学扮演售货员，几个同学扮演顾客去买东西，其余同学帮忙算一算共花了多少钱。教师设计一个与学生生活经历接近、学生感兴趣的选择购物的情境，在解决问题的过程中先进行抽象，抽取数学模型，而后自己研究如何计算，便可以增强学习的实效性，提高学生学习的积极性。又如，“分数的初步认识”里教师利用分月饼的形式进行情境导入：“中秋节刚刚过去，大家中秋节过得开不开心？丁丁和当当也过得很开心，但是他们在分月饼的时候却遇上了一些数的问题。四个月饼，平均分给了丁丁和当当，每人得几个？如果有两个月饼呢？如果只有一个月饼，要平均分给两个人，应该怎么分？”学生：“切成两半。”教师灵活运用生活中分月饼的例子激发了学生的求知欲，诱发学生的学习热情，充分调动了学生的学习积极性。在小学数学课堂上，教师应该摆脱生涩的说教形式，通过对数学知识的灵活变通，赋予数学课堂生命力，让学生感受数学教学的生活性，让学生更容易接受数学知识。小学数学教师应该仔细研究教材、走出课本，选择一些贴近学生生活实际的例子，对学生进行数学教学。

六、美的教学语言具有激励性

对于小学生来说，数学学习较为枯燥乏味，在学习过程中，学生很容易丧失对学习的信心，导致学习时没有半点激情可言，学习效果不佳。教师要乐于和学生站在同一思维层面上，弯下腰来倾听儿童的心声，乐于发现儿童思维过程中的闪光点，用自己的真情唤起学生的学习热情。例如，在“一位数除三位数”的教学中，教师出示题：428÷2。教师说：“根据这道题的特点和一位数除两位数的计算方法，你有勇气独立完成这道题吗？”当全班学生都做正确时，教师又说：“你们真聪明！”这样的语言对学生的学习积极性会产生很大的鼓舞和推动，而且师生之间的情感也将得到培养。学生也会感到“老师对我们真好”“我可喜欢学数学了”“我非常愿意学数学”。在课堂上，经常会看到这样的情景：当一名学生正确地回答了教师提出的问题，或一名平时不爱发言的学生把问题回答正确，教师会说："同学们，鼓励他！"全班同学会热烈地、带有节奏地鼓掌。有的老师还会用亲切的语调说："回答得非常好！""聪聪，今天表现得真好！"我想，就这么简单的一句话，会使这名同学全天都能愉快地学习，甚至从此以后他就非常喜欢学数学了。

数学是一门科学，但数学教学是一门艺术。夸美纽斯说过，教育人是艺术中的艺术，教育人使用的语言是艺术的语言。我们教师所要做的，就是要特别研究语言美的艺术性，要像剧作者那样在剧本中斟词酌句、像演员在舞台上处理台词一样，使学生寓算理于情趣之中，拨云见日，茅塞顿开，点燃五彩缤纷的智力火花，演出一幕幕有声有色的"话剧"。

优化支持策略，辅助特殊儿童提高运算能力

支持性教育是以特殊儿童“生活质量”为成果导向的特殊教育。它主张在特殊教育多元化发展的局面下，借助支持策略和方法，调动各种有效资源，来满足特殊儿童的特殊教育需求，支持特殊儿童融入现代社会生活，体现融合教育的本质。实践证明，教师优化教育的支持策略，可以辅助特殊儿童提高运算能力。

鹏鹏（此为化名），男，10 岁，四年级学生，有发展性障碍中的智力障碍。在数学知识领域中，他只认识 100 以内的数，不能进行进位加和退位减；会几句乘法口诀，不能熟练地进行表内乘除法；没有数的位值概念，数学的运算能力只能勉强达到一年级水平。

我是他的数学老师，从三年级开始教他。鹏鹏无法正常参与数学运算，而数学运算是数学学习的基本能力，更是以后生活的基本能力。课余我多次努力尝试给他补课，但无济于事。他的思维混乱，没有连贯思维能力，今天补的知识明天就忘了。怎样突破他的障碍呢？我反复地进行思考，更加认真地观察他的一举一动。

又是一个午间管理的时间，我走进教室，安排好其他同学的活动，开始统计单元能力检测的成绩。一个个数字不断地累加，不经意地抬头，我发现鹏鹏并没有参与其他同学的活动，而是坐在我对面的座位上静静地看着我。“老师，我爷爷晚上也总玩计算器。”他不经意地说了一句。“爷爷拿计算器干什么？”我追问。“算他挣了多少钱。”他很认真地回答了我。我恍然大悟，我工作的场景和他爷爷劳动的场景在他心里产

生了共鸣。你一言、我一语的对话中，我了解到：他的爷爷、奶奶是做小生意的，经常在家中用计算器算账。“你会用吗？”我试探地问了问，他轻轻地摇摇头。我给他按了几个数，演示了几遍，又简单介绍了几个运算键，几经重复，总算能够让他自己进行简单的操作了。看到他少有的兴奋，我也同样很激动。难道借助计算器能成为支持他学习的策略吗？试试吧，就让这小小计算器成为支持他学习数学的策略。

接下来，我翻阅了《义务教育数学课程标准（2022 年版）》、四年级数学教材等相关书籍，结合课程标准中的关于运算能力的学段目标，着手为他制订了运用计算器辅助提高运算能力的学习计划。

找到了支持鹏鹏学习数学的策略，也制定了阶段目标，我开始实施策略。

我走进家庭，指导爷爷在家训练鹏鹏使用计算器。在实施过程中，鹏鹏很快就认识了运算按键，也能计算了，就是速度慢。如何巩固和提高习得的成果，我进行了很多尝试。比如，让他与爷爷共同算账。为了更好地指导鹏鹏训练，使他能够熟练地应用计算器，提高准确度，我到他家进行了一次家访。家访中，我阐述了自己的观点：用计算器辅助提高孩子运算能力，同时，培养孩子生活中的计算能力，为将来孩子的独立生活做好铺垫。我的想法获得了家长的赞许。我介绍了鹏鹏使用计算器进行运算的情况，鼓励爷爷支持和参与鹏鹏的训练，每天带着鹏鹏一块用计算器算账，开展爷孙比赛活动，巩固和强化鹏鹏使用计算器进行运算的熟练度与准确性。为了进一步提高鹏鹏数学运算的准确性和熟练度，我还为他布置了分层作业。每天进行 5 分钟口算，让他边算边读数，这样既巩固了按键速度，又熟悉了数。每天的作业我都及时批改，适时鼓励。鹏鹏的热情特别高，早晨到校的第一件事情就是把口算作业交给我。

经过一个学期的努力，鹏鹏在三年级圆满完成了第一阶段的目标，在全班的口算能力竞赛中，他使用计算器的运算速度超过了班里一些学生，好多同学 5 分钟进行的口算，鹏鹏基本也能够完成。

提供方便，课堂上使用计算器，解决运算问题。计算教学中，鹏鹏无法像其他同学那样正常进行口算、心算、笔算，为了让他能够参与到教学活动中，我允许他在课堂上使用计算器进行运算。课堂上使用计算器，帮助鹏鹏直接算出得数，使他绕开了复杂的笔算，找到了解决问题的捷径。在教学“万以内进位加法”时，我让同学们计算 2271 ＋ 903，同学们纷纷动手笔算，鹏鹏看到这复杂的数字无从下手，我鼓励他拿出计算器，指导他先按 2271，再按＋号，然后按 903，最后按等于键，同时轻声地读出数字，最后直接把得数写在等号后边。然后，我让他自己操作一遍。2 分钟后，鹏鹏得到了和同学们一样的答案，可把他美坏了。列竖式进行笔算是鹏鹏很难完成的。教学中，我不断鼓励他积极地参与，多种方式地给他创造情景进行展示，多种形式地进行互动学习，如“口算接龙”、充当“小医生”等。在教学“除数是整十的笔算除法”时，我让学生计算 178÷30，很多同学感到困惑，鹏鹏更是茫然。为了避开这个教学难点，我让他在计算器上进行计算，结果出现了 5.9333……，而同学们出现了试商 6，这时我让他和同学们共同讨论研究、互动学习，最后他得出了诊断结果：5.9333……不够 6，只能商 5。他的参与帮助同学们解决了问题，而他也回避了试商，绕过了知识难点，巧妙地参与到除法的运算中来。课堂教学中的一次次参与，不断激发他的数学学习热情，他的计算能力不断提高，数学作业也能够完成一半以上，正确率在 90% 左右，在单元测试中，他能够完成全部计算任务。

在本学期第四单元的数学测试中，217×83 这道计算题，每个学生都正确地列出了竖式，而鹏鹏的试卷中，只有横式和一个正确的得数。看到这里，我心里很别扭，不断地想：难道就满足于一个得数了吗？还能不能再帮他一点，让他再获得一些什么呢？

我想到了设计特色作业，分享体验竖式计算与脱式计算。在一次作业展览中，我指着作业问："鹏鹏，你的作业和同学们的有什么不同？""我的作业只有得数。"他有点腼腆地回答。"那你想不想像同学们这样有竖式、有脱式呢？"我问。"想。"他有点不自信。接下来，我给他设计了特色作业——"在方格中填数"的趣味数学游戏，每次作业让他在横式后面写得数的同时，在竖式计算的结尾也写上得数。

$$\begin{array}{r} 4\ 4\ 8 \\ -1\ 8\ 9 \\ \hline \square\square\square \end{array} \qquad \begin{array}{r} 4\ 7\ 5 \\ +5\ 2\ 6 \\ \hline \square\square\square\square \end{array} \qquad \begin{aligned} &37\times12+46\times9 \\ =&\ \square+\square \\ =&\ \square \end{aligned}$$

通过这样的练习设计，他建立脱式计算中的顺序，知道先算哪一步。不久，鹏鹏的计算题中，偶尔出现了竖式和脱式的过程，他向数学运算的目标又前进了一步。

开发功能键，激发猜想与验证，提高基本思维能力。在计算器的支持下，通过前期阶段目标的完成与巩固，鹏鹏的运算能力上有了很大的进步，他不但非常熟练而且十分准确。前不久，他指着一个按键问我："老师，这个是干什么的？"当时，听到这句话我很激动，鹏鹏能自主探究了。在计算器上有 M+、MR、MC 三个功能按键，分别是存贮键、记忆恢复键、清除键，我指导鹏鹏认识了这些按键，通过习题引导他如何进行运用，通过功能键的开发与前期运算方法的对比，激发鹏鹏的猜想与验证，提高基本思维能力。

在操作过程中，让鹏鹏猜一猜、试一试，方法不同，最终得到的结果是一样的。但运用功能键简化的步骤，提高了效率，激发了鹏鹏对于计算器的喜爱，更锻炼了他的基本思维能力。计算器这个支持策略或许只是他的起点，他要接触的东西还很多，如学习机、平板电脑等，而计算器将引领他踏入现代信息技术的大门。

支持儿童学习发展的策略有自然支持、高科技支持等，我从实践中找到可行方式来优化支持的策略。这种支持策略不是模仿他人的，不是理论书上讲的，而是我在与学生亲密接触过程中不经意发现的。通过与鹏鹏的聊天，我知道了他的生活背景，了解了他的家庭环境，挖掘了家庭可利用的资源与学习条件，找到突破口。可以说，这是实实在在的、原生态的策略。我认为，教师对于学生支持策略的选择、有效方法的选择来自教师对学情的了解和掌控。言外之意，换一个学生，同样是不会运算，使用计算器就不一定是最优的方法。教师要在方法策略上苦动脑筋，如果不从学生中来、不从生活中来，就会事倍功半甚至南辕北辙，更谈不上什么优化。支持性教育本身就提倡“自然的支持”，提示我们从孩子生活实际着手，优化教学策略。

要善于给他一个支点。古希腊物理学家阿基米德说过：“给我一个支点，我可以撬起地球。”支点是物理学名词，是杠杆原理中的关键点，可以使人们省力。而在我们的学习中，找到支点，可以使学习事半功倍，可以找到解决问题的捷径，可以绕开难点找到结果。案例中，我找到鹏鹏数学学习中的支点——计算器，帮助他回避思维障碍，让他省力，而又达到或者即将达到预期的教学目标，让他体会数学学习的乐趣。

写到这里，我的耳畔响起了郑智化的歌声：“星星点灯，照亮我的家门，让迷失的孩子找到来时的路。星星点灯，照亮我的前程，用一点光，温暖孩子的心。”《星星点灯》这首歌阐述了一个真谛，使我清楚地认识到：每颗星星都是明亮的，只是我们的距离不同。教师就是儿童心灵的点灯人，更是特殊儿童心灵的点灯人。紧紧抓住特殊儿童的学情特点，用不同的策略去支持、去开发，才能给孩子和家长希望，才能点亮孩子的心灯。我认真分析鹏鹏的特点，精心地去拨弄、去“点亮”，优化教育的支持策略，促使他在数学运算学习中跨过障碍，越学越爱学。

探究小学生心理因素，提高小学生的运算能力

运算在小学数学教学中占据着十分重要的地位，是小学数学内容的重要组成部分，是学习数学的基础。小学生在运算过程中出现错误是十分正常且普遍的现象。错误的情况虽然多种多样、五花八门，但是我们发现有些错误却是不分班级、不分性别、不分地区的。即使教师事先对学生再三叮咛、让学生反复练习，这些错误到时仍然会出现。这说明这些错误中隐含着一些规律性的东西。我们教师必须找出错误的原因，有针对性地预防，纠正运算错误，用科学的方法提高小学生的运算能力。

小学生在运算中出现错误的原因大致由知识和心理两方面构成。学生计算失误不仅有知识基础弱和不良学习习惯等原因，而且还有学生心理方面的原因，这往往是被忽视的。从心理学的角度来看，学生进行四则运算，除了感知算式和开展思维操作两个环节外，参与其中的还有情感和注意力等心理因素。下面我主要从感知、情感、注意、思维等方面，结合典型、具体的实例来分析，有助于我们以后采取积极措施，防错、纠错、改错，对症下药，切实提高小学生的运算能力。

在计算教学中，计算错误常常困扰着老师和学生。对计算错误进行分类，并分析出现错误的原因，对于避免或减少学生的错误是必要的，也有助于用恰当的方法纠正学生出现计算错误。

什么是错误？一般意义上讲，只要结果不对，就是错误。如果考查结果以回答问题是否正确为标准，那么这些错误的性质是一样的。如果

分析一下，就能看出它们是不同类型的。了解和认识不同类型的错误，对于我们分析和纠正学生的错误十分有益。

计算错误的原因有很多。

知识方面的原因首先有概念不明确，不理解算理。数的运算是以概念为基础，以性质、法则、定律为依据的。如果对概念、性质、法则、定律掌握得不准确，理解得不透彻，就会产生错误。其次是基本口算不熟练。基本口算指的是 10 以内的加减法，20 以内的进位加法及 20 以内的退位减法，乘法口诀以及两个一位数相乘再加一位数的口算。学生对于基本口算不熟练必然造成计算错误。据统计，在笔算的计算错误中，由于口算出错造成的错误，加法占 96.5%，减法占 82%，乘法占 92.7%，除法占 73.2%。这是因为任何多位数的四则运算都可以分解成一些基本口算。最后，没有形成技能、技巧也是导致计算出错的原因。新课程标准提倡学生计算多样性，学生不但要能正确地进行计算，而且要能合理灵活地进行巧算，这样才能省时省力、提高计算速度，提高计算质量。但很多学生只是掌握了形式，没有形成技能，所以也会发生计算错误。

心理方面，有的学生不是不会做，而是由不良学习习惯造成错误，与其内在的心理因素密切相关。据统计，属于心理因素造成的错误，在小学计算错误中约占 60%，而属于知识技能方面的错误仅占 40% 左右。分析心理方面的原因，基本上是感知、注意、思维、记忆、习惯等因素起作用。

有的学生感知不够精细，不认真观察，例如抄错题。学生用不退位减法代替了退位减法，这可能是学生长期运算中形成了减法是用较大数减去较小数的观念起了干扰作用。我们经常还见到类似把 $2+5$ 看作 2×5，把 $0.2+0.2$ 看作 $2+2$，把 $5-5$ 看作 $5+5=10$ 的错误。这些错误常常被老师、家长认为是非认知的、低级的，是完全可以避免的，往往归因为学生“粗心”。学生的感知还伴有浓厚的情感色彩，具有较强的选择性，往往忽略对全面整体的认识。例如，学生会有这样的错误：$25\times4\div25\times4=100\div100=1$。这个错误是由于学生习惯“凑整”而忽略了运算顺序。

有的学生情感不稳定，易受思维定式的干扰。学生已有的生活经验、认知结构、思维方式等，都能构成其学习的心理准备状态，对学习发生定式作用，从而使学习活动按一定的方向展开。定式有积极作用，也有消极作用。有的计算出现错误就是定式的消极作用引起的。学生在计算时，总希望能很快得到结果。因而，由于存在急于求成的心理，当数目小，算式简单时，思想容易麻痹；当遇到计算题里的数据较大、较为陌生，或算式的外形显得过繁时，就会产生排斥心理，表现为不耐烦，不能认真审题，没有耐心去选择合适的算法。这样，错误率必然会升高。例如 0.25×0.125 一题，如果按照常规方法计算，不仅比较烦琐，而且容易出错。如果把这两个小数转化为分数计算，就能化繁为简、化难为易，收到“四两拨千斤”的效果。

还有学生注意力不稳定，不能全面观察。注意是指心理活动对一定事物的指向和集中。注意不稳定和较差的分配能力是产生计算错误的重要心理因素。小学生注意力不稳定，不持久，不易分配，注意的范围比较狭窄，易被无关因素吸引而出现“分心”现象。在计算过程中，需要经常把注意分配在不同的对象上。由于小学生注意力所顾及的面不广，如果要求他们在同一时间内把注意分配到两个或两个以上的对象时，也往往会出现顾此失彼、丢三落四的现象。还因为小学生进取心强，好表现，只求快，不求质，也会出现丢三落四的现象。

例如：

50 ＋ 16×5 － 28

＝ 50 ＋ 80

＝ 130 － 28

＝ 102

学生书写本题第一步递等式时，要考虑三个方面：一是根据题目中的运算符号，确定运算顺序；二是把乘法的结果计算出来；三是把没有参加运算的数据和符号按照原来的顺序照抄下来。学生既要考虑运算顺序，又要口算 16×5 的积，尤其是计算 16×5 的积占据了学生大脑优势兴奋中心，造成学生注意分配不够，暂时遗忘了“－ 28”，形成了不等式。

还有一部分学生的瞬时和短时记忆容易出错。瞬时记忆就是感知事物后极短时间内（如一秒左右）的记忆；短时记忆就是经过识记过程，在短时间内的记忆。例如，初学乘法口诀的小学生，经常记错某些口诀。

学生不良的学习习惯同样会导致错误的计算结果。如计算时注意力不集中，情感、情绪波动，意志品质差，对数学不感兴趣，字迹潦草，书写不规范等。因此，学生出现计算错误既不能单纯归结为受知识技能掌握情况的影响，也不能单纯归结为受心理方面的影响，其往往是受知识技能和心理双方面的影响而出现错误。如在计算时出现错误，一方面是由于学生知识掌握得不扎实，另一方面也是由于心理素质不高。

这两方面中，心理的错因又是重中之重，也是造成小学生屡次出错的重要原因。这些心理原因并非孤立存在，它们是互相影响、互相联系的。

不管何种原因造成的计算错误，都要引起教师足够的重视，注意找出错误的根本和关键，搞清错误的原因，为什么错，然后针对错误性质、原因和范围，进行具体分析，对症下药。

教师要重视课堂教学，系好运算教学的第一颗扣子。教师要重视课堂教学活动的设计，积极创设贴近学生生活的情境，使学生懂得算理，学会方法。让学生在有趣的数学活动中学会有关的定律、性质，以及和、差、积、商的变化规律。心理学告诉我们，首次感知的材料准确、生动、鲜明，对于记忆的保持和再现的清晰程度具有重大的影响。因此在计算的新授教学中，必须最大限度地调动学生学习的积极性，使他们主动地参与到法则的建立、算理的探究中，并创造条件让他们动手、动脑、用眼、用口，用多种感知渠道协同进行综合性的信息传输，以收到强化信息的作用。计算 5 － 2.4 时，运用直观教具，在黑板上贴出 5 个圆，提出问题，要拿出 2.4 个圆，应该怎么拿呢？引导学生先拿 2 个圆，再把 1 个圆平均分成 10 份，然后再拿出 4/10 个圆，得到的就是 2 个圆和 6/10 个圆，就是 5 － 2.4 ＝ 2.6。为了使学生感性知识更加丰富，以便上升到理性认识，让学生进行学具操作，利用操作的表象，再把这个思维过程不断表述出来。通过不同层次的反复感知，学生悟出了小数减法中当被减数没有小数部分时，只要“从整数部分退一当十，化成小数再减”的算理，从而水到渠成地探究出计算方法。学生亲身体验的往往印象最深刻。

加强对比辨析，多安排对比性练习以及变式练习。教师要恰当地组织教学活动，引导学生在合作交流中把学过的法则进行整理与对比，再找出其异同点并深化理解。对于因为迁移问题引起的错误，教师要专门进行对待以区别容易混淆的概念和法则。对于概念不清、不理解计算法则的实质性错误，教师仅指出错误是不够的，需要详细解释和说明，进行查漏补缺，设计针对性练习，直到能理解和正确应用为止，对错误进行分析和解释，使学生明确错误是如何发生的，这不仅对计算错误的学生有帮助，对计算正确的学生也有积极影响。同时要让学生反复做形式多样的口算练习，口算能力的形成要通过经常性的训练才能实现，且训练要多样化，每堂课上都安排练。每节数学课教师视教学内容和学生实际，选择适当的时间，安排 3 到 5 分钟的口算练习，这样长期进行，便能收到良好的效果。多种形式变换练，例如，视算训练、听算训练、抢答口算、口算游戏等丰富的教学活动都是提高运算能力的策略。

收集错题类型，做到对症下药。每堂新授课可以加入前一天作业中的易错处，让学生改错。几节新授课后，在练习课中安排一节专门改错类型的课，以巩固、运用新知识为主要任务，目的是及时针对学生作业中输出的错误信息，集中分析订正，使学生准确掌握新知识，并在改错中化知识为能力。

培养学生良好的计算习惯。习惯成自然，好的习惯有利于提高学生的计算能力，反之，则会直接影响学生计算成绩，甚至出现莫名其妙的错误。这样的错误，稍加细心、严谨，完全可以避免。因此，培养良好的计算习惯对提高计算正确率显得相当重要。只要教师在平时的教学中多加强调、多做针对性练习，就能逐渐让学生克服不良计算习惯，培养起学生严谨、细心、沉稳的良好习惯。教师应重点培养学生以下三种习惯。

第一，正确审题、严谨思考的习惯。审题是正确计算的前提，方法是：一读、二看、三想、四算。“读”就是认真读题，“看”就是看清数据、运算符号、运算顺序，“想”就是想计算方法和顺序，“算”就是按想的思路进行计算。

第二，认真书写的习惯。书写无错是计算正确的必要条件。无论是抄题还是竖式计算，都要严格要求学生格式规范，书写工整，卷面洁净，每写一步要“回头”仔细检查，保证自己抄写、计算正确后再继续下一步运算。

第三，仔细验算的习惯。验算是计算正确的保证。在教学中要加强示范，使检验成为学生的自觉行为，让学生增强验算能力、逐步养成验算的习惯。

计算题千变万化，运算的错因也是五花八门。只要老师抓住小学生计算错误的心理因素，并积极采取相应的对策加以纠正和预防，就能不断地提高小学生的运算能力，同时也会使学生从小养成严谨、认真的学习态度，培养小学生自我检查的能力和良好的习惯。

附录一

学生给我写的书信

教师是人类灵魂的工程师，是孩子心灵的点灯人、梦想的播种人，是花田里的养花人。只有你用爱心去关注，才能使孩子的心灯更明亮。这小小的烛光，点亮了每个孩子的心灯，真可谓门门开处见红装。

每一朵花都有其在花丛中的位置，每一朵花都会散发不同的芳香。班主任要善于蹲下身子去欣赏。班级是一个平台，是孩子们起飞的基地。教育的契机是：抓住时机给他们插上翅膀，让他们飞翔。面对特殊学生，我们要充分认识到：每个学生都是一盏灯，只不过有的灯芯长，有的灯芯短，只要我们去拨弄，他们总是会亮的。

“我爱花，所以也爱养花。我把养花当作生活中的一种乐趣，花开得大小都不计较，只要开花，我就高兴。”这就是我作为班主任的感悟。

爷爷的忘年交

陶然亭小学 2021 届毕业生　付柏睿

我最尊敬的人是我的爷爷。爷爷七十多岁了，身体很棒！他喜欢书法，喜欢运动，每周还去老年大学学习。爷爷还爱劳动，家里的家务他都积极去做，总是和奶奶抢着干。爸爸、妈妈工作忙，我的日常生活全是爷爷和奶奶照顾。爷爷还为我建立了成长记录袋，我真幸福，我爱我的爷爷。

爷爷有个忘年交，就是我的班主任孙老师。每次接送我的时候，他们俩总会聊两句，爷爷老远看到孙老师就打招呼，孙老师也是笑眯眯地走上前。我不知道他们是从什么时候认识的，只知道爷爷每次清晨五点钟起床练习书法，发的微信，孙老师总是第一个点赞。一天爷爷接我时，孙老师还问爷爷："您那么早就起床了？"爷爷笑呵呵地说："嗨，我每天四点半就醒了，开始写字，有时候是晚上写，人老了图个乐。您怎么也那么早？"孙老师接着说："我也是早晨趁着清醒，多写点东西。"

孙老师是我上三年级时的班主任。美丽的钟老师不再教我们，就由孙老师教我们数学，并担任班主任。起初，我胆子很小，也很害怕。这么严肃的男老师，比我爷爷小，比我爸爸大，本来就不愿意表现的我，这回更加不说话了。孙老师安排我管理班级记事本的任务，还和爷爷进行了交流。

渐渐地，我不害怕了，课堂上不但能积极回答问题，课间也能够去管理班里淘气的同学了，看到孙老师我就像看到家里人一样，那么亲切！

永远的小橘灯

陶然亭小学2017届毕业生　胡昊阳

著名作家冰心奶奶有一盏小橘灯，每逢春节时分，她会想起那盏小橘灯。在我的心里也有同样的一盏小橘灯，他照亮了我的前途，点亮了我人生的心灯，使我总觉得眼前充满了无限的光明。

这盏小橘灯就是我六年级毕业班的班主任孙老师。孙老师今年应该快五十岁了，他眯缝着小眼，总是充满着微笑；他整天和我们在一起，从来不感觉累；他什么事都管，什么事都问。记得快毕业时，他分别对我们所有的男生和所有的女生召开了青春期的畅谈会。他分析了我们男生的成长特点和困惑。毕业聚会那天，大家都哭了，因为孙老师没有到场，读着他给我们写的那封信，我们实在是无法控制自己的感情。如果时间能够倒流，我还要让他担任我的班主任。

孙老师是从三年级开始教我数学的，同时担任我的班主任。四年来，我长大了四岁，而孙老师却老了四岁。我清晰地看到：他的鬓角长出了白发，鱼尾纹慢慢地爬上了他的眼角，敏捷的身躯开始微微发胖，和我们在一起活动时的动作不再敏捷。

四年来，他无微不至地关怀着我，精心地呵护着我，耐心地陪伴着我。记得六年级的毕业季，我们一边紧张地学习，一边还要紧张地排练节目。班里边大多数同学都要上两个节目：六一儿童节的管乐演奏和班级的课本剧表演。我们班学习乐器的同学多，是学校管乐团的主要力量。天气很热，大家排练得很辛苦，另一方面，学习的任务也很重，有几个同学生病了，特别是我，始终不见好转，咳嗽不止，喘不上气，可是我还是每天很早来到学校，抓紧时间做练习。这样的情况持续了三四天。一天中午，孙老师问我：

“昊阳，你咳嗽有痰吗？”

“有。”我又开始了咳嗽。

“白痰还是黄痰？”

“白痰。”

“我们的咳嗽有冷咳嗽和热咳嗽，你应该是冷咳嗽，主要是有汗有火，我这里有晒干的橘子皮，你把它泡水喝，试一试。”

接过孙老师的橘子皮，一股暖流瞬间充斥我的全身。我马上冲了一杯水，这杯水橘黄橘黄的，是那么鲜艳，又是那么清澈，瞬间，在我的眼中变成了一盏小橘灯，我的眼泪流了下来。过了两天，我的咳嗽奇迹般好了，孙老师把同样的方法教给其他几个同学。后来，妈妈和奶奶分别给孙老师打了电话，并让我送去了祝福和感谢。

千言万语，无法表达我的感情，我们还是离别了。我提着那盏晶莹的“小橘灯”，开始了新的航程，开始了伟大梦想的接力赛。

会吹小号的班主任

陶然亭小学2017届毕业生　张世杰

午间广播开始了，张校长通过广播通知：我校“城宫计划”增加了管乐项目，欢迎同学们积极自愿报名参加。我可高兴坏了，其他的几个男同学也高兴坏了，因为每次看到胡昊阳那吹号的神气样，大家心里有些羡慕的同时，还有很多不服气。“同学们，管乐是一种高雅的艺术，学会一样乐器会给我们带来我穷的乐趣，”班主任孙老师开始了补充，“我上学时，就没有学会一样乐器，现在很后悔。”我抬头看了孙老师一眼，他还真的流露出伤感。

就这样，我们班同学开始了学习管乐的历程，我们学得很快，不到两周的时间都会吹简单的小练习曲了。午间大家总是三五成群地在交流，孙老师总是走过来投入到我们的行列，好像自己很懂样子，我们学习的热情空前高涨。

一段时间之后，20多名学小号的同学都有了很大的进步，其中6名同学还进入了学校的管乐团。不过，有5名同学进步不大，学习不认真，甚至有的同学开始厌烦了，也不积极参加训练了。我自己也觉得：学习吹奏小号太难了，太辛苦，还失去了不少学习和玩耍的时间，这种激情就要退却并消失了。

一天中午，同学们刚刚吃过午饭，就看见孙老师提着小号走进班级，学生们顿时睁大了眼睛直直看着孙老师，那眼神到现在我还记忆犹新。孙老师大声宣布：“我也要学习小号了！”我们一片欢呼。“我，我要和你们比一比，看谁学得快。”从此，孙老师加入了我们班的管乐学习，我们共同识谱，共同吹音阶，共同把弄小号。时间一天天地过去了，大家学习吹奏的激情不断增加，技巧不断提高，那几个不认真的、吹得不好的同学渐渐进步了。

时光飞逝，我们吹奏的技巧越来越好，大多数同学都参加了学校国旗班的演奏任务，我们的校园生活既丰富又快乐。

爱的教育是陪伴，爱的教育是参与，爱的教育是同行。这个会吹小号的班主任，成了我小学生活最美的记忆。

温暖的大手

陶然亭小学 2022 届毕业生　李一宁

现在的我是一名初一的学生，刚刚迈进人生的新阶段，开始逐渐适应、接纳陌生而又紧张的初中生活，很快我便融入了新的集体。可是，我总是不禁想起小学时给予我莫大帮助的老师——孙老师。孙老师是我六年级的班主任兼数学老师，虽然只相处了短短一年，但这段记忆会让我终生难忘。我现在的一切都与孙老师有着密不可分的关系，未来的学习路上也少不了孙老师打下的坚实基础。

孙老师虽说是我们的班主任，但更像我们的朋友、长辈。想起孙老师我便能想起他宽厚结实的肩膀、温暖有力的大手、洪亮震耳的声音，那声音常常响彻整个教室，让我们奋进。

学习上，我的数学成绩一直不稳定，忽高忽低。孙老师教我们后，我逐渐开始重视、喜爱数学了，才发现数学原来并不是一门无聊的学科，它蕴含着无穷奥秘。孙老师上课时总是能带动起大家的学习兴趣，他的课生动有趣，有许多年总结、积攒下的宝贵学习方法，使我们每个人学习起来都更加轻松。一到数学课，我们班就燃起一种热烈、浓厚的学习之火，同学们争先恐后地回答问题，班里沸腾一片，课下也踊跃地找老师探讨题目。孙老师鼓励大家互相交流，通过实践寻找答案，也鼓励同学们用多种多样的方法来解答问题，上讲台来为大家讲一讲题目。同学们各抒己见，黑板上总能写满白色的解题思路，一道题可以有五六种方法，上讲台讲题的同学络绎不绝，每个人的脑中都刮起思维的风暴。自己在给大家讲题时，无形中又一次巩固了知识。连让人唉声叹气的测试，孙老师也将它模拟成数学竞赛，比拼做题的速度和准确度，这激起了大家的斗志。很荣幸，在孙老师的教导下，我成了“讲题大军”中的一员，在测验中也取得了优异的成绩。我为自己的改变感到惊喜，毫不夸张地说，是孙老师树立了我学习数学的信心。每次当我勇敢迈出讲题的一步，孙老师都会拍拍我的头或后背，赞许地说：“好样的，继续保持！”我不知该如何感谢孙老师的循循善诱和教导有方。

生活上，孙老师像一个亲切的长辈，会关心大家的冷暖，会力求和我们保持平等的关系，和我们一起吃午饭。在交代班干部的工作时，永远会在结尾加上一句“辛苦啦”。孙老师会体谅我们的感受，带我们进行多彩的游戏和活动，答应同学的事就一定会做到。课下，不管是聊什么话题，孙老师都是非常乐意的。我们之间是放松、没有隔膜的，所以每个同学都愿意找孙老师一起聊聊天，谈论学习。

我想孙老师之所以能做到这些，归根结底，是因为他热爱教师这个职业，热爱每一个学生，他总想把最好的都奉献给我们，像红烛，永远怀揣着一颗热情、真诚的赤子之心，认真负责，诲人不倦，为理想奉献一生。孙老师是我们的榜样，那双温暖的大手，给我无穷的力量！

难忘点灯人

陶然亭小学2022届毕业生　张钊亿

我是一名七年级的学生，从幼儿园算起，教过我的老师有十几位了，但印象最深刻的就是我小学时的班主任孙老师。虽然已经走在中学的校园里，但孙老师的身影经常飘进我的脑海，浮现在我的眼前……

孙老师教我们数学，他讲课认真、不苟言笑。他是我们的班主任，所以对我们要求非常严格，他威严的面孔让本就胆小的我更是有些畏惧他，上课也很少举手发言，唯恐说错了什么。很快，孙老师关注到我。也许是为了让我迅速适应新环境吧，孙老师总是找我谈话，并让我帮忙做一些诸如去办公室取东西、统计学生成绩、帮忙给其他同学带话等小事，在做事中，他还指导我应该怎样做更规范、更快捷。我慢慢不再害怕，上课也开始举手发言，主动帮老师们做事，我变得开朗自信了，不但主动帮助同学辅导功课，还经常承担一些班级任务。有一次到了队干部改选的日子，我以三十多票的票数成功当选了组织委员。之后孙老师依然不断寻找机会锻炼我、培养我，比如，检查红领巾，管理午间秩序，老师不在时班级纪律就由我来负责。让我最难忘的是我做了一次升旗手。记得升旗仪式当天，负责国旗下演讲的同学没来，孙老师就让我做临时替补。“相信自己，你能行！”就是孙老师坚定的目光，让我信步走上国旗台，最终成功地完成了任务。

一次次的锻炼，让我快速地成长！以前羞涩怯懦的女孩，在公众面前已不再那么紧张。而造就了这一切的，正是一直在默默帮助我的孙老师。现在我已经上了初一，我还一直保持着这种积极向上的心态，主动履行好我的职责，迅速融入了中学生活。

孙老师像家人一样呵护着我，为我心中带来一股暖流，孙老师就是一盏明灯，为我照明前进的方向。我喜欢我的班主任——孙老师，我永远忘不了的敬爱的孙老师！

遇见最好，照我人生

陶然亭小学2021届毕业生　杨若琪

金秋九月，秋日的微风伴着夏末的蝉鸣，一切如梦般美好。而更幸运的是，在那个令人微醺的季节里，我遇见了他，陪伴我们四年的班主任孙老师。

对于我，孙老师远远不仅是教授我知识的恩师，更如同一盏照亮我人生漫漫长路的明灯，一首伴我走过人生的诗。

我那时向来对于数学不怎么感兴趣，而恰好，孙老师是我们的数学教师。一年级以来，我的数学作业就一直有些敷衍，所以导致我的课堂效率和成绩一直都不理想。而孙老师也许是注意到了这一点，于是叫我去他的办公室。那时也许是不知老师的用意，便战战兢兢地走到老师的办公室门口，一遍遍想象着被老师批评的场景。然而，接下来的一幕可能是我一生都不会忘记的。孙老师和蔼地把我叫过去，笑容满面，给我看了作业和成绩后，面对我的紧张和愧疚没有一点责备，只是耐心地和我讲着数学方面的学习方法，临到最后，还微笑着鼓励我，让我不要放弃，坚持下来、战胜自己就是最大的胜利。

自那以后的作业我再没有敷衍过，那几句温暖的话不但让我对数学的学习有了信心，而且让我深深体会到了孙老师对学生的关心和爱。

孙老师是我一生都不会忘记的教师，他把青春奉献给了我们。孙老师会微笑着夸赞我们的优点，指出我们的不足，在课堂上富有激情地讲课，告诉我们以后的路很长，永远要做发光的那个人，照亮人生，照亮世界。

天街小雨，润物无声

陶然亭小学 2021 届毕业生　王彦哲

孙老师是我小学的班主任，他从三年级时开始接我们班，一直到我们小学毕业。在这四年中，孙老师是传道授业的严师，严谨、认真地教会我们课业知识；孙老师也是寓教于乐的朋友，在欢声笑语、幽默风趣中让我们学会做人做事的道理。

五年级时因为新冠疫情的影响，学校不得不通过网络教学的方式来上课。那时正值小学学习的关键期，孙老师格外关注我们的学习。每节网络课孙老师都讲解得特别细致，为了我们每个同学在家都能跟上学习，孙老师还通过一对一视频答疑、建立小组群，小组线上比拼、语音班队会等多种形式，调动我们大家的学习热情。孙老师还鼓励我们在小组中互帮互助，求知不止步。

六年级时，有一次学校举办拔河比赛。比赛前孙老师为我们进行赛前动员：“拔河队的队员们，你们要往下压、往后倒，这样才能发挥体重优势牵制住对手。”孙老师一边说一边做演示，他身体不断地往下压、往后倒，由于他演示太投入，险些摔了一跤，好多同学被逗得哈哈大笑。比赛时孙老师在我们队旁用力指挥着、呐喊着，仿佛自己也是队伍的一员。忽然我们整个队伍往前一移，队伍的排头摔倒了，孙老师赶忙叫停了比赛，冲上前去，询问那个队员：“你摔伤没有？用不用下场休息？”得到了那位队员否定的回答后，孙老师拍了拍那个队员的肩膀说：“好样的，加油！”比赛继续后，孙老师是啦啦队中加油声最大的那一个：“一二一二……”虽然我们班的队员们使出了十二分的力量，但还是失利了。回到班里，大家都有些失落。孙老师对大家说："同学们，今天我们虽然没有赢得比赛，但是大家不要沮丧，以后这样的机会还很多。比赛的意义重在参与，在参与中不断磨炼，不断提高。"

四年中这样的片段还有很多很多，孙老师就是那"天街小雨"，点点滴滴中润物无声，滋润我们的心田，铺垫我们做人处事的基石。孙老师这四年的教育、这四年的陪伴给我们播种下了善学求知、豁达爽朗、自信乐观、永不放弃的种子。我相信我和我的同学们带着孙老师的殷殷期望，会在今后的学习道路上走得更踏实，走得更长远。

附录二

没有离别的毕业典礼

2017年7月9日，这个难忘的日子。我送走了相伴四年的小朋友，然而，阴错阳差地我没有参加这场毕业典礼，这届的毕业典礼成为没有离别的毕业典礼，至今想起，我都觉得孩子们没有毕业。这成为我一生的遗憾，也成为孩子们一生的遗憾！

这一届的孩子们人人有特色。39名同学，其中32名学习了管乐，成为名副其实的管乐班，同时也激发了我学习管乐的热情。朝朝暮暮，时时刻刻，每个课间，每个午间，我们一点一滴，共同学习文化知识，共同陶冶在艺术的殿堂，留下了无数感人的瞬间。我投入了40岁的热情，孩子们投入了儿时的梦想。

午后时分，电话不断，家长们和孩子们自发组织了一场别开生面的毕业聚会，极力要求我参加，弥补这次没有告别的毕业典礼，我一一谢绝。家长们的车辆开到了教学楼下，我已经泪流满面，内心皆是依依不舍的真情、无法割舍的爱。写到这里，我再次流下了眼泪，我全身心爱着的孩子们，全力支持我的家长们，我多想和你们互诉衷肠！可是，不能，我不能。

我用十分钟写下了这封信，发给了家委会，由家长来读，宣告这离别的真言！

尊敬的家长们，可爱的孩子们：

大家好！

请原谅我不能参加今天的聚会活动。我是一名共产党员，党纪条例要求我不能越过这条红线。望谅解，望支持！

今天的活动，我是支持的！你们能够自发地组织起来，采用AA制的办法来庆祝，体现了合作共赢，让孩子们体会到成功的喜悦，经历了人生的成长，感谢家长们给了孩子们这个体验，我相信，气氛是温馨而热烈的！

今天的活动，我是喜悦的！我的高兴、喜悦是我见证了孩子们四年来的成长！四年来，我与你们朝夕相处，共同探索知识的奥秘，共同探讨为人处事的方法，共同积攒做人的道理。四年来，我表扬过你们，也呵斥过你们，我是为了你们好啊！孩子！小树要长成参天大树，就要修剪的，望你们能够理解我的苦心，原谅我的“不礼貌”和“粗俗”！好了，你们就要走向更加广阔的天地，我祝你们越来越好，不要忘了六（1）班，成功无捷径，永远要攀登！

今天的活动，我是感动的！我感恩于你们，更感恩于每一位家长朋友！这四年我们心有灵犀，无时不在交流，无时不在沟通。感谢大家对我工作的支持与帮助，我们通过孩子的教育这个平台，成为好朋友、生活中的挚友。朋友是人生的重要财富。以后，我还有很多事要仰仗大家，也欢迎大家来咨询我孩子的教育问题，这一点我是有经验的，我经历了自己孩子从小学到大学的过程。孩子的教育是一门学问，大家要耐心地去品味，与孩子共成长、共体验，要与孩子合作交流，而不是对抗。

最后，我希望在以后，大家要像支持我一样，支持每一位老师，这一点，大家懂的！

话就说到这儿吧！感谢所有家长，感谢所有孩子们！这四年我是快乐的，谢谢！谢谢！

孙自明

2017 年 7 月 9 日

编者后话

尊敬的读者们、老师们：

“乘风破浪，再出发”，2019 年我有幸参加了国庆七十周年扬帆远航方阵的群众游行活动。这是我第二次参加国庆活动，对我是一次彻底的精神洗礼，更是强烈的精神震撼。令人激动的场景历历在目。祖国的强大，使我热血沸腾；方阵中的孩子们，不怕苦、不怕累，艰苦训练，更使我心潮澎湃。每每想起，我不停地喊自己要归零，不要坐在功劳簿上。要翻篇归零，才能再出发，才能勇立潮头。我们教师就是在不断总结，不断反思，不断再出发。

本书就是我的一次总结，更是我的一次反思。总结我与家长交流沟通、教育孩子的经验，总结我与学生共同发展的历程，总结我与我任教的教学班级的点点滴滴，总结我与我的团队共同发展和进步的收获，总结我在课堂教学中如何进行教育教学课改实验。回首这十年，我一直在反思，我的一言一行是否激励着学生的发展，是否促进了自己的成长，是否促进了教育教学的发展，是否有利于青年教师的进步和成长，自己打造的班级是否有利于培养合格的建设者和接班人。思量一下未来的教育之路，以便适应新时代的发展和需要。

教育需要积累和沉淀。我们日常教育教学工作中的每一句话、每一个行动，都有可能在孩子的心灵里激起浪花，都有可能成为点燃孩子心灯的蜡烛，这些积累起来就是我们的经验，沉淀下来就会筑牢我们进步的阶梯。日常工作中，我总是随身带着一个小本子，自己看到的、听到的、想到的、说过的、印象深刻的，都会及时记录下来，就像孩子们的记事本一样，然后我再进行整理，进行总结、反思，形成小案例、小论文、小札记，指导自己一路前行。

我们从事的是基础教育，是培养未来建设者和接班人的教育，肩负重要的国家使命，这更需要我们夙夜在公，要及时总结，及时反思。著名企业家任正非这样说，教育是最廉价的国防。这里说的国防不一定是最厉害的武器，我们要重视基础教育，一个外国人说过，一个国家的强盛，是在小学教室的讲台上完成的。我们的每一次课堂、每一次活动、每一次讲话、每一言、每一行，都可能会成为学生永生难忘的记忆，成为他们心灵的小小烛光，指导他们为人处世。

这十年我的发展和成长，离不开学校领导团队的指导和引领，离不开教师团队的支持与帮助，离不开家长们的理解与信任，离不开孩子们的真情陪伴。这些都是我应该感恩的，真诚地说一声：谢谢！未来之路还很遥远，我将干在实处，走在前列，勇立新时代的潮头！

敬爱的读者们、老师们，时间仓促，本书如有不妥之处，欢迎您的批评指正。再次感谢！

本书照片中涉及的学生和家长有部分未联系上，请见到本书后与作者联系。

孙自明

2023 年 1 月于北京